NEI MENG GU KAO GU DA FA XIAN

内蒙古旅游文化丛书

主　编：马永真　乔　吉
副主编：毅　松　金　海

内蒙古考古大发现

陈永志　张红星　编著

内蒙古出版集团　内蒙古人民出版社

图书在版编目(CIP)数据

内蒙古考古大发现/陈永志编著. -呼和浩特:内蒙古人民出版社,2013.11,(2014.12 重印)
(内蒙古旅游文化丛书)
ISBN 978-7-204-12524-1

Ⅰ.①内… Ⅱ.①陈… Ⅲ.①考古发现-内蒙古 Ⅳ.①K872.26

中国版本图书馆 CIP 数据核字(2013)第 273111 号

内蒙古考古大发现

作　　者　陈永志　张红星
责任编辑　刘智聪　贾　冉
封面设计　宋双成　李　琳
出版发行　内蒙古出版集团　内蒙古人民出版社
地　　址　呼和浩特市新城区新华大街祥泰大厦
印　　刷　内蒙古爱信达教育印务有限责任公司
开　　本　920×1300　1/32
印　　张　8
字　　数　225 千
版　　次　2014 年 1 月第 1 版
印　　次　2014 年 12 月第 2 次印刷
印　　数　6001-10000 册
书　　号　ISBN 978-7-204-12524-1/G·2720
定　　价　25.00 元

总　序

内蒙古自治区位于中华人民共和国北部边疆，与黑龙江、吉林、辽宁、河北、山西、陕西、宁夏、甘肃八个省、自治区毗邻，北部和东北部与蒙古国、俄罗斯接壤，有4200多公里的国境线。面积有118.3万平方公里，占全国总面积的12.3%，在全国省区中面积仅次于新疆和西藏，居第三位。在这广阔的地域上居住着蒙古、汉、回、满、达斡尔、鄂温克、鄂伦春、朝鲜、俄罗斯等诸多民族的人民，其中蒙古族是自治区实行区域自治的民族。

内蒙古地区主要是高原地带，大部分地区均在海拔1000米以上，这里有东北部的呼伦贝尔高原、北部的锡林郭勒高原、中北部的乌兰察布高原、西部的巴彦淖尔至阿拉善高原、西南部的鄂尔多斯高原。

内蒙古的戈壁、沙漠早已闻名于世。阿拉善高原的巴丹吉林沙漠是我国三大沙漠之一，巴彦淖尔到阿拉善高原的腾格里沙漠、巴音温都尔沙漠、乌兰布和沙漠、鄂尔多斯高原的库布其沙漠都是举世闻名的荒漠景观。

内蒙古是一个多山脉的地区。历史地理学家亦邻真教授对内蒙古地区的主要山脉有这样的描述：纵贯自治区东半部的大兴安岭、横亘中部的阴山山脉和西南部的贺兰山脉。这些山脉山岭绵亘，延续不断，长达2600多公里，形成了内蒙古高原的地貌脊梁。大兴安岭以洮儿河为界，分南北两段，北段约长670公里，有伊勒呼里山、雉鸡场山等，南段又称苏克斜鲁山，长约600公里。阴山山脉包括大青山、乌拉山、色尔腾山和狼山。贺兰山脉长270公里，主峰达胡洛老峰高3556米，是内蒙古最高的山峰。

内蒙古有许多河流。黄河自宁夏石嘴山流入内蒙古，又从内蒙古准格尔旗榆树湾流出内蒙古辖境，这段干流长达 830 公里。黄河大小支流在内蒙古鄂尔多斯高原、河套平原和土默特平原上有乌加河、昆都仑河、大黑河、浑河、乌兰木伦河、红柳河等等。中部地区有永定河的上游和滦河的支流。正蓝旗境内的上都河就是滦河的上游，长约 254 公里，元上都遗址在上都河北岸。在东部区辽河上游西辽河的主要支流都在内蒙古赤峰和通辽地区。嫩江是内蒙古东部最大的河流，它的重要支流都在内蒙古东北部。黑龙江的上段额尔古纳河，长达 540 公里，经呼伦贝尔草原西部和北部蜿蜒汇入黑龙江。

内蒙古地区具有世界上罕见的富饶的天然牧场，这里的草原像亚欧中部和南美洲、北美洲的草原一样，都是极好的畜牧基地。它在我国五大草原中居于首位，面积达 88 万平方公里以上，超过全区土地面积的 74%。当春光明媚的季节来临时，这里的草原分外美丽，在蓝天白云的下面，一碧千里，无边无际。

在内蒙古一望无际的大草原中间，既有明镜似的大湖，也有星罗棋布的小泊和碧水澄清、芦苇丛生的海子。呼伦湖是内蒙古最大的淡水湖，蒙古语称之为“达赉诺尔”，意为海湖，面积 2200 平方公里，盛产多种鱼类。还有一个贝尔湖，蒙古族称这两个湖为姊妹湖，呼伦贝尔草原即因这两个湖而得名。此外，还有河套平原的乌梁素海、哈素海，察哈尔草原的岱海和黄旗海等海子，克什克腾旗的达里湖，锡林郭勒草原的库勒查干淖尔、额吉淖尔，额济纳旗的居延海（嘎顺淖尔和索果淖尔）等等。

内蒙古的高原地带有广阔无际的平原，内蒙古著名的两大平原即河套平原和土默特平原。自清代以来，尤其是中华人民共和国成立以来，在这两个平原上开辟沟渠，引黄灌溉，形成著名的“塞上谷仓”。此外，内蒙古大兴安岭中段的松嫩平原属于草甸草原或森林平原，发育着肥沃的黑土，适于畜牧和耕作。

在内蒙古有着丰富的矿产资源。很长时间里，“东林西铁，遍地是煤”，这是内蒙古人形容家乡自然资源的引以为自豪的赞美之词。所谓“东林”，是指内蒙古东部呼伦贝尔境内大兴安岭的林区。大兴安岭是内蒙古的绿色宝库，它南起松辽平原，北抵中俄边境，纵横1400多公里。这里有童话般波澜起伏的原始森林，生长着银白色的白桦树，高达30米的“兴安落叶松”，内蒙古人自豪地称：“兴安岭上千般宝，第一应夸落叶松。”兴安岭是落叶松的海洋。所谓“西铁”，是指内蒙古西部包头至白云鄂博，集宁至二连浩特两条铁路沿线的黑色金属矿产之一的铁矿资源，它是钢铁工业的基本原料。包头地区的矿产资源丰富，白云鄂博矿是座举世罕见的多金属共生矿床。铁储量占内蒙古自治区总量的一半，为包钢主要原料；稀土储量居世界首位，被誉为世界“稀土之乡”，为包头钢铁稀土公司的原料基地。所谓“遍地是煤”，是指内蒙古地区煤炭资源分布广泛，煤炭储量8000亿吨。集中分布在呼伦贝尔、通辽、锡林郭勒、赤峰和鄂尔多斯等盟市，几个大煤田的储量占自治区总量的95%以上。上述地方的煤田厚度大，埋藏浅，易于露天开采，国家5大露天煤矿的4个就在其中。东胜煤田的精煤和阿拉善盟的无烟煤（太西煤）以质优著称于世。此外，内蒙古天然气储量1.67万亿立方米，煤层气储量10万亿立方米，石油储量6亿吨以上。风能可开发量占全国一半以上，目前风电装机1670万千瓦，居全国首位。光能资源居全国第二位，稀土储量居全国第一。内蒙古有耕地1.07亿亩，人均4.4亩，居全国首位，牛奶、羊肉、山羊绒、细毛绒等特色优势畜产品产量多年来居全国第一位。

在我国历史上，内蒙古地区是一个有许多北方少数民族聚居，创造了丰富多彩的草原文化的地区。经过多年研究，我们提出的草原文化同黄河文化、长江文化一样，是中华文化的主源之一，是其重要组成部分，是其发展的重要动力源泉的基本观点，已经得到各界的认同。内蒙古是中国北方草原文化主要发祥地和传承地，在历史的长河中，北方众多的草原民族在这里一个接一个地演出了有声有色的历史剧，对中国历史和人类文化宝库做出了重要贡献。旅游业是反映和展现历史文化宝库的一个窗口，从这个窗口我们可以看到昔日富有特色的文明史，独具魅力的人文景观，雄伟壮丽而奇秀多姿的大自然，丰富多彩的各民族文化的交往、渗透及其内涵。具体到草原文化的荟萃之地内蒙古来说，文化宝库的这个窗口不仅重要，而且最直接反映了内蒙古草原文化的丰富内涵。所以我们说，它确有得天独厚的诱惑力。2013 年 3 月内蒙古自治区党委确定的“8337”发展思路中，提出要建设“体现草原文化、独具北疆特色的旅游观光、休闲度假基地”，为内蒙古旅游业的发展指明了方向。我们编写这套《内蒙古旅游文化丛书》正是贯彻、响应“8337”发展思路，助推内蒙古文化旅游大发展的一个重要举措。

古人说：“读万卷书，行万里路。”对古人来说“行万里路”是非常艰难的事，然而对今天的人类而言行万里路已不再是困苦之事。今天，旅游已经成为人们生活中不可或缺的内容之一。在我国历史上，许多中原地区的官员、学者、文人墨客以及西方探险家们，都曾怀着各种不同的愿望，到内蒙古地区考察观光，并把他们的所见所闻记录下来，流传于后世。史学家把这些所见所闻的记录称之为“行记”，用今天的话来说也就是“旅行记”吧。毫无疑问这些“旅行记”是了解古代内蒙古地区历史文化遗产的珍贵史料。然而由于当时的条件，这些“旅行记”存在着历史时空的局限，流传面窄，一般读者很难看到；另外有些“旅行记”并非印本，只是一代一代靠传抄留世，所以讹误甚多，寻找和阅读均非易事，尤其对一般旅游爱好者来说，甚为不便。我们想，“读万卷书”和“行万里路”同等重要，不仅需要通过旅游——“行万里路”获得感性认识，而且需要通过读书获得理性认识。我们编著《内蒙古旅游文化丛书》的目的，在于尽可能深入挖掘和全面系统地整理内蒙古的旅游资源，更好地提供为内蒙古旅游业服务的新优佳旅游文化产品。当然，我们在编写过程中注意到，内蒙古素有“中华文明曙光升起的地方”、“北方游牧民族的摇篮”的美誉，承载了内涵丰富、特色浓郁、建构完整的草原文化，所以，丛书特别注意了历史与现实主旋律的有机结合。因为在内蒙古这块土地上生活的各民族人民的历史活动是中华民族历史的一个重要组成部分，蒙古民族的历史活动，对于世界历史产生了巨大、深远的影响。正因为有如此恢弘的历史，在他们悠久的文明史上产生了多元、多层次的文化积淀形态，这种文化积淀形态直到今天仍然是中华民族优秀传统文化中最具魅力的文化瑰宝之一。

为此，《内蒙古旅游文化丛书》的内容，依然以内蒙古地区是中国北方草原文化发祥地、传承地这一历史特色为主，将与草原文化相关的人文景观、自然景观、名胜古迹、风物民俗等方面分成十三个专题，以专题分册，图文并茂，专述专论，以此呈现内蒙古各民族历史文化之真实，以飨读者。

《内蒙古旅游文化丛书》是2002年提出并实施编著工作的，作为内蒙古社会科学院年度重点课题之一，其倡议者是时任内蒙古社会科学院院长刘惊海教授。这套丛书的总设计和策划归功于他。该丛书由内蒙古人民出版社在2003年出版后，产生了良好的社会效应。2012年，经内蒙古人民出版社与内蒙古社会科学院商定，予以重新编撰出版。参与初版编写和新编丛书的作者群，以内蒙古社会科学院的中青年学者为核心，同时邀请了内蒙古大学、内蒙古财经大学、内蒙古自治区民委、内蒙古文物考古研究所、呼和浩特市人大常委会和呼和浩特博物馆等单位的数位专家学者参与。此次《内蒙古旅游文化丛书》的新编部分分别由一位或几位作者执笔，这些作者都是在各自学科领域中有专长、有建树的专家学者。为了丰富本丛书内涵，这些作者以可信的历史资料为凭据，涉猎中外游记、考古方面的众多文献，并佐之以深入实地调查、民间采风，从而使之成为融历史真实性与科学性、知识性与趣味性为一体的旅游文化读物。本丛书坚持普及与提高相结合，并加入触景生情引发出的民间故事、神话传说与人物典故，从而达到扩大旅游者对内蒙古的感性认识和理性认识的目的，成为旅行者随身携带的导游手册，成为放入行囊带给亲友的一份厚礼。我们认为，这是此套丛书的独到之处。当然，由于时间仓促，水平有限，丛书中也许会存在一些问题，如，在旅游知识的深度和广度，内容的相互衔接，表述风格的一致等方面，尚有待于提高。

新编《内蒙古旅游文化丛书》是首次出版发行的以内蒙古地区历史和文化为主要内容的旅游文化丛书。我们编写这套《内蒙古旅游文化丛书》，既是为了满足当前国内外旅游业蓬勃发展的需要和旅游者的渴求，也是为建设内蒙古体现草原文化、独具北疆特色的旅游观光、休闲度假基地做一份贡献。我们希望这套丛书，能够成为海内外广大旅游爱好者，包括内蒙古自治区各旅游景区导游工作者在内的旅游系统从业人员，以及高等院校、中等专业学校旅游专业的师生等广大读者喜爱的读物，我们认为这是极有意义的工作。我们作为本套丛书的主编，感到十分荣幸。受到内蒙古人民出版社和丛书诸位编著者的委托，当这套丛书新编出版之际，写了上面一些话，权以为序。

马永真　乔吉

2013 年 11 月于内蒙古社会科学院

序

当远古的华夏先祖筚路蓝缕，在黄河流域撒下文明火种的同时，在广袤无垠的蒙古高原，草原文化的开拓者们也走出洪荒，缔造出中华文明光彩夺目的灿烂曙光。

内蒙古自治区地处祖国北疆，是我国的文物大省区，历史文化积淀丰厚，文化遗产体系庞大。早在旧石器时代早期，草原人文初祖“大窑人”就已经在这片广阔的舞台上长袖燕舞。新石器时代至青铜时代，这里已经形成了独具北疆特色的草原文化系统，特别是以红山文化为代表的西辽河流域诸文化，在中华文明的历史长河中宛如一颗颗明珠，灿烂夺目。此后曾活跃在这片土地上的土方、猃狁、北狄、匈奴、乌桓、鲜卑、柔然、突厥、回鹘、契丹、女真、蒙古等古代民族，或狩猎渔捞，或逐水草而居，在中华文明悠久的历史长河中创造了光辉灿烂、独具特色的草原文化，同时也留下了大量令世人叹为观止的文化遗产。目前，内蒙古地区已经查明有不可移动的古文物遗址21099处，这些珍贵的物质文化遗存，是草原文化的重要实物载体，也是中华民族多元一体文化格局的实物例证。通过一代代文物考古工作者的辛勤耕耘，使这些固态的实物载体开门“说话”，一展风采。大窑遗址、兴隆洼遗址、红山遗址、二道井子遗址、和林格尔盛乐古城、小板申东汉壁画墓、居延遗址群、耶律羽之墓、宝山壁画墓、吐尔基山辽墓、陈国公主墓、辽上京、集宁路、元上都……它们像一个个激昂的演讲者，滔滔不绝地为世人诠释着内蒙古悠远浑厚的文化底蕴和丰富独特的文化内涵，也证实了中华民族文明的源头可以追溯到内蒙古的草原深处。中国考古界泰斗苏秉琦先生曾说，从红山文化中“我们看到了中华五千年文明的曙光”，红山文化女神“是红山人的女祖，也就是中华民族的共祖”。因此草原同样也是中华文明曙光升起的地方，草原文化与黄河文化、长江文化一样，是中华民族文化的重要组成部分，是中华文化三大源头之一。

草原文化经过与中原文化数千年的碰撞、交流、融合和发展，为中国统一多民族国家的形成、中华民族多元一体文化格局的形成做出了突出的贡献。其所蕴含的核心理念不但已成为我区最具影响力的文化品牌，也凝聚成草原民族生生不息、勇往直前的精神动力。准确把握草原文化核心理念、弘扬草原文化精神，扩大草原文化的影响力，是建设民族文化强区的时代要求。文化是一个民族的血脉，是一个民族的灵魂，是一个民族生生不息、发展振兴的精神动力，这种动力深深熔铸在民族的生命力、创造力和凝聚力之中。文化遗产是历史文化的结晶、民族文化的瑰宝，作为草原文化的主要发祥地和承载地，内蒙古文化工作者有责任保护和利用好这些珍贵的文化遗产，以建设民族文化强区为目标，深化草原考古发掘研究，丰富和拓展草原文化研究的内涵，完善草原文化研究的理论基础，推动草原文化的繁荣发展，这是每一位文化工作者义不容辞的光荣使命和伟大事业。

陈永志、张红星先生编著的内蒙古旅游文化丛书之一《内蒙古考古大发现》，将内蒙古地区六十年来考古工作的重大发现择其要者，以图文并茂的形式介绍给广大读者，内容翔实，图片精美，读完之后，赏心悦目，如饴在口。不仅使读者了解到内蒙古考古工作的重大成果，也向世人展现了内蒙古悠久的历史和灿烂的草原文化，这对于正确贯彻落实自治区“8337”发展思路，把我区建设成为体现草原文化、独具北疆特色的旅游观光、休闲度假基地，充分发挥文化遗产事业在构建社会主义和谐社会中的重要作用有着积极的现实意义。

是为序。

周纯杰

2014年1月7日

前言

QIANYAN

内蒙古自治区地处祖国北部边疆，幅员辽阔，介于东经97° 12′ ~126° 04′ 、北纬37° 24′ ~53° 23′ 之间，呈东北向西南斜伸的狭长形，东西长2400多公里，南北最宽1700多公里，面积118.3万平方公里，占国土面积的12.3%。区内地貌复杂多样，高原、山地、丘陵、平原、沙漠戈壁纵横交错。内蒙古大部分属中温带大陆性气候，自然环境差异较大。其特定的地理位置、复杂的地质地貌、差异显著的自然环境，使内蒙古地区成为较为独特的农耕文明与游牧文化交错碰撞地带，孕育了丰富多彩、绚丽缤纷、复杂多样的古代文明，在中华民族灿烂悠久的历史长河中熠熠生辉。

早在遥远的旧石器时代，在内蒙古这块辽阔的土地上就已经有了人类的活动。在呼和浩特市新城区保合少镇大窑村发现的大窑遗址，时代为旧石器时代早期；在萨拉乌苏河流域发现的河套人及古生物化石，时代早至旧石器时代晚期。到新石器时代至青铜时代，内蒙古地区形成了三个系统的文化区域：以西辽河流域为主的东南部地区，这一地区形成了以红山文化系列为主的诸考古文化；以黄河流域为主的中南部地区,这一地区形成了以仰韶文化为主的考古学文化；大兴安岭以北至阴山以北这个东北—北部—西部的弧形地带，这一地区形成了以动物纹饰为主要装饰风格的早期游牧文化。其后，这片舞台上一直活跃着许多或渔猎或逐水草而居的少数民族，先后有山戎、北狄、东胡、林胡、楼烦、匈奴、乌桓、鲜卑、柔然、契丹、室韦、突厥、回鹘、库莫奚、霫、女真、党项、蒙古、回回、满族等。这些民族大多建立了政权，在这片土地上生息繁衍。他们既有自身独特的文化传统，又与周边及中原各族有着极为密切的联系。他们是祖国大家庭中的重要成员，为创造中华民族光辉灿烂的古代文明、建立多元一体的格局做出了突出的贡献。

活跃在内蒙古地区的古代先民，在创造了光辉灿烂文明的同时，也留下了大量珍贵的文物古迹。目前，内蒙古地区已经查明的不可移动的古文化遗存达21099处之多。这些遗存或为地下，或为地上，涵盖遗址、墓葬、长城、建筑、岩画、碑刻、近现代重要史迹等各个方面。它们像一篇篇隽永绚丽的长篇史诗，默默地为世人展示着内蒙古地区悠远浑厚的文化底蕴和丰富独特的文化内涵，也为内蒙古文物考古事业的蓬勃发展提供了得天独厚的遗产资源。

19世纪末开始，国内外的一些探险家和考古学者就在内蒙古地区进行调查和发掘活动，但内蒙古真正意义上的考古工作还要从新中国成立后算起。1954年内蒙古自治区成立了文物工作组，负责全区的文物保护、田野调查和考古发掘工作。20世纪80年代以后，科学、规范、大规模的考古调查、勘探、发掘等工作陆续展开。经过近六十年的辛勤努力和不懈耕耘，先后调查、勘探、发掘、保护了各个时代的遗址、墓葬、长城、建筑、岩画、碑刻等数万处，涌现了一大批对学界具有深远影响的考古大发现，成果颇丰。内蒙古成为我国的文物大省区，在国内外享有较高的知名度。

1956年内蒙古文物工作组调查了乌审旗萨拉乌苏大沟湾和滴哨沟湾，发现了河套人化石及旧石器时代晚期文化遗物，被定名为萨拉乌苏文化。2000～2001年内蒙古自治区文物考古研究所对东乌珠穆沁旗金斯太洞穴进行了考古发掘，发现旧石器中晚期文化遗存，它是内蒙古第一个正式发掘的旧石器时代洞穴遗址，是内蒙古旧石器时代考古工作的重大突破，对于研究中国北部边疆的旧石器时代文化内涵具有极其重要的意义。2011年文物考古工作者对鄂尔多斯康巴什新区乌兰木伦遗址进行的考古发掘，是继金斯太洞穴后旧石器时代考古的又一次重大收获。

1956年以来，内蒙古的文物工作者对全区进行了三次大规模文物普查，发现了大量新石器时代至青铜时代的文化遗址，许多遗址还进行了考古发掘。如内蒙古东部区的赤峰红山区魏家窝铺、二道井子、夏家店，敖汉旗小河西、兴隆洼、赵宝沟、南台地、范仗子，林西县白音长汗、水泉，巴林左旗富河沟门、南杨家营子、二道梁，巴林右旗的塔布敖包，宁城县三座店、大甸子、小黑石沟，喀喇沁旗大山前，克什克腾旗的南台子、龙头山，扎鲁特旗南宝力皋吐，科左中旗哈民忙哈等遗址，确认了小河西、兴隆洼、富河、赵宝沟、红山、小河沿、夏家店下层、夏家店上层等考古学文化的特点和属性，另外还发现了林西井沟子西梁类型、兴隆洼文化白音长汗类型、赵宝沟文化水泉类型和西荒山类型等考古学文化类型。内蒙古中南部地区的凉城县石虎山、王墓山、老虎山、园子沟，准格尔旗阳湾、小沙湾、永兴店、二里半，包头市西园、阿善，托克托县海生不浪，察右前旗庙子沟、大坝沟，伊金霍洛旗白敖包、朱开沟，清水河县岔河口、西岔等，明确了阿善、白泥窑子、海生不浪、庙子沟、老虎山、永兴店、朱开沟、西岔等诸考古学文化内涵。大兴安岭以北至阴山以北这个东北—北部—西部弧形地带的海拉尔区哈克、鄂温克旗辉河水坝、新巴尔虎左旗呼和诺尔等，明确了这一地带以细石器为特征、以狩猎业为主要经济形态遗存的性质与特征。这些考古学文化的发现，基本建立了内蒙古新石器时代至青铜时代的考古学文化发展谱系及序列，其丰富的文化内涵、鲜明的区域特色备受学界注目。

杭锦旗桃红巴拉、阿鲁柴登，准格尔旗玉隆太、西沟畔，包头西园，凉城县崞县窑子、毛庆沟、饮牛沟、小双古城，和林格尔县新店子，清水河县阳畔，敖汉旗水泉、乌兰宝拉格，林西县井沟子等墓地均发现了大量与汉人葬俗风格迥异的遗迹遗物，对于研究春秋时期至汉代狄、西戎、林胡、楼烦、匈奴、东胡、貊等各北方民族的风俗习惯、经济生活、社会形态、生产力水平以及与中原的文化交流等，提供了翔实丰富的实物资料。和林格尔土城子古城、云中城、陶卜齐古城、秦直道遗址、居延遗址、纳林套海墓群、沙金套海墓群、召湾墓群、补隆淖汉墓、和林格尔东汉壁画墓等考古发掘，发现了大量战国、秦、汉时期的遗迹、遗物，为研究战国、秦、汉时期内蒙古地区城镇建置、民族关系、居民生活、典章制度、生态环境、军事、交通、葬俗等提供了弥足珍贵的第一手资料，对进一步了解历代王朝对北部边疆地区的统治具有十分重要的意义。

通过对满洲里扎赉诺尔,呼伦贝尔拉布达林，商都县东大井鲜卑墓群，察右中旗七郎山，呼和浩特市美岱、大学路，和林格尔鸡鸣驿，乌拉特前旗卧羊台北魏墓葬，乌审旗田即墓，察右前旗白家湾窖藏，和林格尔土城子古城的考古发掘，初步了解了拓拔鲜卑、铁弗匈奴的文化内涵，对研究拓跋鲜卑的迁徙路线、民族融合的发展历程，以及南北朝时期北方各族的民族关系意义深远。

隋代五原郡、榆林郡，唐代单于都护府、胜州、天德军，乌审旗郭梁墓群，准格尔旗大沙塔墓葬，清水河县山跳峁、塔尔梁墓葬，乌拉特前旗王逆修墓，阿巴嘎旗巴彦图嘎石人的调查、发掘，为研究隋唐五代时期内蒙古地区的政治、经济、军事、城镇建置、民族关系以及对该地区的统治，提供了丰富的实物资料。

祖陵、庆陵、怀陵、陈国公主与驸马合葬墓、耶律羽之家族墓地、耶律祺家族墓地、宝山墓群、豪欠营墓群、吐尔基山墓葬，以及上京、中京、祖州、庆州、缸瓦窑等的勘测、发掘，出土了数量惊人的辽代文物精品，探明了辽代都城、奉陵邑的规制特点，弄清了辽代葬制、葬俗，对复原契丹王朝辉煌的历史，了解契丹民族灿烂的文明具有十分重要的学术价值。

金界壕、额济纳旗黑水城、临河黑山镇城址、察右后旗韩元店古城、清水河县下城湾古城、四子王旗城卜子古城、达茂旗敖伦苏木古城、额济纳旗亦集乃路、正蓝旗元上都遗址群、察右前旗集宁路、包头燕家梁遗址，以及达茂旗明水墓葬、苏尼特左旗恩格尔河墓葬、镶黄旗乌兰沟墓葬、东乌珠穆沁旗哈力雅尔墓地、翁牛特旗张应瑞家族墓等调查、发掘，获取了一大批西夏、金、蒙元时期的珍贵遗物，引起国内外学者的极大关注。

经过近60年对内蒙古境内古代遗存的调查、发掘，在内蒙古东南部和中南部地区已初步建立起新石器时代至青铜时代的考古学文化时空框架，明确了各个考古学文化的发展序列和谱系，不同时期的北方民族文化遗存逐步被辨识出来，产生了一批世人震惊的考古大发现，特别是在匈奴、鲜卑、契丹、蒙古等民族考古方面成绩斐然，为复原中华民族悠久历史、展现中华民族灿烂文化做出了重大贡献，对打造内蒙古草原文化品牌，弘扬优秀民族文化具有极大的现实意义。

本书从内蒙古六十年来的众多考古大发现中，选择出获得20世纪中国考古重大发现、国家十大考古新发现或中国社会科学院考古研究所六大考古发现的遗存，以及最具影响力的世界文化遗产等能代表内蒙古考古文化名片的十二处惊世考古大发现为基本题材加以介绍，这对于进一步了解我区辉煌的历史和灿烂的草原文化，都有着较高的参考价值。

目　录

华夏第一村——兴隆洼遗址

HUAXIADIYICUNXINGLONGWAYIZHI

兴隆洼遗址位于内蒙古自治区赤峰市敖汉旗宝国吐乡兴隆洼村东约1.3公里处，地处努鲁儿虎山脉北麓，大凌河支流牤牛河上游，西距敖汉旗人民政府所在地新惠镇约80公里，地理坐标为东经120° 51′，北纬42° 23′，海拔在400～500米之间，总面积达6万平方米，是1982年敖汉旗文物普查时发现的。1983～1994年，中国社会科学院考古研究所等相关单位进行7次考古发掘，获得一系列较为重要的考古资料。通过对房址内出土的木炭标本进行碳14年代测定，确定该遗址年代为距今7400～8200年。1996年被国务院公布为第四批全国重点文物保护单位。

兴隆洼遗址1983～1994年间7次大规模的考古发掘，揭露总面积3万余平方米，清理出环壕1处、房址180余座、窖穴400余座、居室墓葬30余座，出土了大量的陶器、石器、玉器、骨器、蚌器及动植物标本等。

兴隆洼遗址发掘区（1992 年）

兴隆洼聚落外侧为环壕，内侧是成排分布的房址，布局规整，秩序井然，显然经统一规划营建而成，这是中国迄今所知保存最完整、年代最早、经过全面考古发掘的唯一一处原始村落。

聚落外侧环壕为椭圆形，东北至西南最大径183米，西北至东南最小径166米，壕宽1.5～2米，壕深0.55～1米。环壕西北最高处有一“寨门”式设置，为整个聚落出入口。“寨门”外西北侧分布有房址，已发掘20余座，但均较小，属中晚期房址。

环壕内分布有房址近100座，发掘前地表呈“灰土圈”状，沿西北至东南向排列，共有11排，排列整齐。房间面积50～80平方米不等，最小的不足13平方米。最大的一座位于聚落中部，面积达140余平方米。房址均为半地穴式，平面呈圆角方形或长方形，地穴多为生土壁，四壁较直，多为黄褐色生土。少数房址毁于火灾，壁面被烧烤成红褐色。居住面为生土底砸实而成，有的居住面上留有陶器、石器、骨器、动物骨骼等生产、生活用品。灶址位于居室的中部，平面呈圆形，灶壁和底部抹泥，被烧烤成红褐色，个别灶址底部铺垫有一层石块。灶两侧有柱洞，多为四个。有的房屋为木构，有的地穴内有柱洞，有的没有柱洞。有柱洞的房址柱洞排列较规整，分为内、外两圈，内圈呈圆形，分布在灶址周围，外圈呈长方形或方形，分布在四周穴壁内侧。有的房址内有窖穴。房址均未发现门道，可能以梯出入。房址西南侧居住面踩踏较严重，出入口应在西南侧。有的房址内在灶西南侧的居住面上发现有浅坑，可能是立梯后上下攀爬脚踏的结果。房址的面积多不甚大，但位于聚落中心并排的两座房址，面积达140余平方米，可能是该聚落的首领所居，或举行公众议事、原始宗教活动的场所。这样大的房址出现在8000多年前，是中国建筑史上的奇迹，对研究我国新石器时代早期阶段聚落部局、房屋建筑、生活方式等提供了宝贵的实物资料。

窖穴主要分布在房址周围，也有少部分位于室内。圆形直壁平底坑占绝大多数，少量为袋状坑以及平面呈椭圆形、长方形或不规则形坑。口径最大的达3米左右，小的不足0.5米。坑内堆积土质多疏松，有的含有陶片、红烧土块、炭粒、动物骨骼等。

遗址内发现成批的居室墓葬，这是中国史前时期最奇特的埋葬习俗，具有鲜明的宗教祭祀特点。墓葬均为长方形竖穴土坑墓，分布在居室的特定位置。有些房屋埋入墓葬后，该房屋即被废弃；也有些房屋埋入墓葬后，该房屋仍有人继续居住。墓葬均为仰身直肢单人葬，头向因在房址中的位置不同而有别，一类向西北，一类向东北。大多有随葬品，数量不等。随葬品种类有陶器、石器、玉器、骨器、饰品等。兴隆洼聚落居室墓葬的总数为30余座，推测埋在居室内的死者仅限于少数特殊人物。118号墓葬的主人是一位50岁左右的男子，其右侧葬有一雌一雄的两头整猪，均成仰卧状，占据墓穴底部近一半的位置，猪腿有明显的捆绑痕迹。人猪合葬现象，在中国新石器时代遗址发掘中尚属首例。在以狩猎、采集经济为主的兴隆洼文化时期，猪是当时人们猎取的主要动物之一，该墓葬是祭祀祖灵和猎物灵魂合二为一的真实见证，具有图腾崇拜的意义，对研究远古人类的埋葬习俗提供了十分珍贵的实物资料。有的居室墓的墓主人还装饰有

发掘清理的人猪合葬墓

“蚌裙”，即有数百个经打磨和穿有一孔的蚌壳成排地出现在腰间到腿部，似钉缀在腰部。有的蚌壳成组的出现在肩部、胸部，是迄今为止我国所发现的最早、最完整的服饰资料，在世界范围内也极为罕见。另外，有的墓葬内出土有少量玉器，这些玉器均磨光，是迄今所知中国年代最早的磨光玉器，开中国史前用玉之先河，为探索中国玉文化起源提供了最为宝贵的实物资料。

骨匕

骨鱼镖

骨簪

骨锥

兴隆洼遗址出土了大量陶器、石器、骨器及少量玉器、牙饰、蚌饰等珍贵遗物。陶器均为夹砂灰陶，器形以罐为主，其次为钵，还有碗、杯、盅等。大型和部分中型陶罐夹粗砂，钵、碗、杯、盅等小型器和部分中型陶罐夹细砂。大部分陶器质地疏松，胎体厚重，烧制火候不高。有的胎质较薄，质地较硬。器外表多呈灰褐、黄褐色，有的局部呈红褐色。内壁多为黑灰色，少量为浅黄色。器表素面者极少，普遍饰满由三至五种纹饰组成的复合纹。纹饰以压印为主，少量为压划、戳印而成。器物施纹方式整齐划一，组合规律较为明显：先在口沿部位施凹弦纹带一周，下施细泥条附加堆纹或凸泥带一周，附加堆纹或凸泥带上饰短斜线交叉纹、平行短斜线纹、折线纹、指甲压印窝纹、三点式篦纹等；再下为主体纹饰，多见短斜线交叉纹、横人字纹、之字纹、席纹、网格纹等；近器底部为素面。均为手制，罐、钵类采用泥圈套接法，壁与底是将器壁的下端套在器底外缘后捏合成。有的器物底部四周凸起，中部微下凹。杯、盅类为手工捏塑而成。器类中筒形罐占绝大多数，口或敞或敛，也常见陶钵。石器数量较多，主要出土于房址的居住面上，有的两件或多件叠放在一起，分打制、磨制、琢制和压削四类。打制石器数量最多，器体相对较大，器型有锄形器、铲形器、刀、砍砸器、盘状器等，以有肩锄形石器最具代表性。磨制石器数量较少，主要有斧、斧形器、饼形器、凿、砥石、磨石、石管等。琢制石器最少，主要为磨盘和磨棒，多出土于房址内居住面上。压削石器较多，有的成堆出土于房址内，有的出土于居室墓

出土的筒形罐

人骨周围或填土中。多为小石叶，镶嵌在骨刀、骨镖一类的复合工具上做刃部或锋部。另外，还发现有少量的石容器、石刻人像，以及同心圆纹饰的石方块等，似与某种祭祀有关。骨器出土数量较多，保存较好，磨制精细，主要有刀、锥、针、两端器、叉状器等。1986年出土骨笛1只，有完整的7个音阶，是目前发现的西辽河流域最早的、音律最准、音孔最多的骨质笛乐器，表明早在8000年前，我们的祖先就已经认识和掌握了乐器的制作技术。玉器数量不多，均为小型器物，主要出土于居室墓中。多为玦，还有少量斧、锛和钻孔匕形器等。牙饰较少，亦出土于居室墓中，为野猪牙剖开磨制而成，部分饰品钻有圆孔。蚌饰亦较少，均出土于居室墓中，有圆形、长条形、人面形几种。遗址中还出土一批动、植物遗骸标本。动物主要有鹿、狍、猪等；植物为胡桃楸果壳等。

根据遗址内出土的遗迹、遗物情况，兴隆洼遗址聚落形态可分为早、中、晚三个时期，以早期遗存最具代表性。早期聚落处于周密规划、统一营建阶段。居住区外有椭圆形围沟，房址均沿西北—东南向成排分布，排列整齐。室内面积较大，聚落中心有并排两间最大的房屋。

出土的筒形罐

兴隆洼遗址的发现和发掘具有划时代的学术价值。当时赤峰地区只发现富河、红山、小河沿三种原始文化，兴隆洼遗址的发现，将内蒙古东部地区新石器时代的考古学文化向前推进了一千余年，极大地完善了内蒙古东部地区考古学文化谱系。兴隆洼文化的发现，还找到了红山文化的土著根源。此前学术界多认为红山这支彩陶文化是受中原仰韶文化影响产生的，尤其中原地区又发现比仰韶文化更早的磁山、裴李岗文化，因为陶器出现了红山文化陶器主体纹饰之字纹，有的学者便认为红山文化的根在中原。兴隆洼文化的发现，使红山文化源于中原一说不攻自破，同时也证明内蒙古东部区与黄河流域新石器时代较早阶段的文化各具特色、平行发展，这里不但是中华民族的发祥地之一，在同时期还居于领先地位。兴隆洼遗址经过全面发掘，是我国仅见的八千年前完整的揭露面积最大的环壕聚落，这一实证对研究史前聚落形态提供了极为珍贵的科学资料。据考证，这一原始公社有成员300余人，每一座房址为最基层一级的社会组织，每一排房址又是以血缘关系为纽带的第二级社会组织，围壕内便是以亲缘关系为基础的第三级社会组织——氏族部落。第一地点和与之相邻的老矿申遗址构成一个更高层的社会联盟。兴隆洼遗址出土了大量的动物骨骼，在中国新石器时代遗址中数量最多，说明兴隆洼文化时期虽然有了原始农业，但那时人们的生产方式仍然以采集渔猎业为主。遗址内出土的完整骨笛，是中国东北地区最早的乐器。通过对兴隆洼遗址出土的资料进行多角度分析，能够确认这个地区文明进程以及在东北亚地区所占有的学术地位，为确立西辽河文化与黄河文化平行发展，对人类起源多元一体论提供了实证。

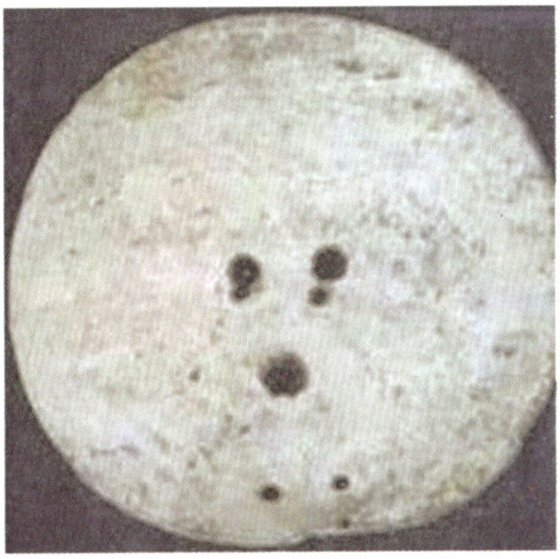

出土的圆形蚌饰

出土的玉玦

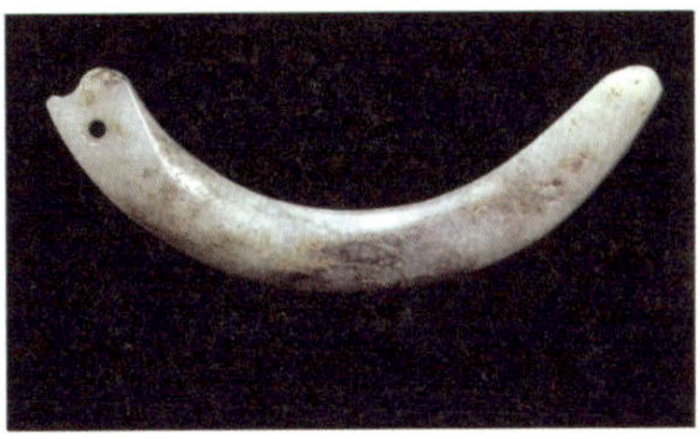

出土的玉饰

兴隆洼遗址考古发掘，引起

了国内外考古界、学术界的震惊。近几年来，美国、日本、俄罗斯、法国、澳大利亚、韩国、英国、德国、以色列、匈牙利等国家以及台湾等地区的专家、学者都对兴隆洼文化十分重视，多次到兴隆洼遗址进行考察研究。该遗址考古发掘被评为1992年度全国十大考古新发现，1996年被评为“八五”期间“中国十大考古发现”，并荣获“20世纪中国百项考古大发现”。兴隆洼遗址是兴隆洼文化的发现、发掘命名地，由于面积大、时代早、保存好，被学术界誉为“华夏第一村”、“中华始祖聚落”。

参考资料：

本文资料为刘国祥、郭治中先生提供，并参考中国社会科学院考古研究所内蒙古工作队《内蒙古敖汉旗兴隆洼遗址发掘简报》，《考古》1985年第10期；中国社会科学院考古研究所内蒙古工作队《内蒙古敖汉旗兴隆洼聚落遗址1992年发掘简报》，《考古》1997年第1期；杨虎、刘国祥《兴隆洼文化居室葬俗及相关问题探讨》，《考古》1997年第1期。

史前建筑史上的空前发现
——哈民忙哈聚落遗址

SHIQIANJIANZHUSHISHANGDEKONGQIANFAXIANHAMINMANG HAJULUOYIZHI

发掘区鸟瞰

哈民忙哈史前聚落遗址位于内蒙古通辽市科左中旗舍伯吐镇东南约 20 公里，西南距通辽市 30 公里，坐标为东经 122° 12.989′ ，北纬

43° 58.909′，海拔180米。这里是大兴安岭东南边缘、松辽平原西端、科尔沁草原的腹地，南望西辽河，北靠新开河。遗址平面呈不规则椭圆形，南北略低，中部稍高，南北长约900米，东西宽约200米，

哈民忙哈遗址发掘现场

考古发掘区鸟瞰

半地穴房屋的排列情况

总面积约18万平方米。现被掩埋在0.7～1.4米厚的风积沙层下。

2010年5～9月，为配合通辽至霍林河铁路复线建设，内蒙古文物考古研究所、科左中旗文物管理所组成联合考古队，对铁路沿线进行了考古调查，发现了正遭受盗掘的哈民忙哈遗址，后经国家文物局批准进行抢救性发掘。2011年4～11月，内蒙古文物考古研究所联合吉林大学边疆考古中心对哈民忙哈遗址进行了第二次清理发掘。2012年6～11月，内蒙古文物考古研究所对哈民忙哈遗址进行了第三次发掘。

经过三年的考古发掘，计揭露6000余平方米，清理房址54座、灰坑57个、墓葬12座、环壕2处。出土陶、石、骨、蚌和玉器等珍贵文物1500余件。

房屋均为半地穴式，东北—西南向，130°～145°之间，成排或

出土的素面筒形罐

出土的麻点纹筒形罐

成组分布，排列整齐。房址平面呈圆角“凸”字形，多面阔略大于进深，面积 6.8 ~ 38 平方米不等，分小、中小、中大、大四种规格。穴壁斜直，光滑，多经烧烤，呈红褐色或黑褐色，残高 0.1 ~ 0.9 米。居住面近于圆角方形或长方形，表面平整光滑，质地坚硬，灰白色，有的局部有烧烤痕迹，踩踏面厚 2 ~ 4 厘米，系长期活动所致。门道位于东南壁中部，东南向，近长方形，相对较长，部分房屋超过 2 米，门口处圆弧，由外向内呈斜坡状。灶位于居室中部偏南，平面多为圆形，斜壁，平底，灶底多呈红褐色，有烧结面，较为坚硬。有的灶外缘有马蹄形灶圈。灶内含大量的草木灰及烧过的动物骨骼残块。房址内有的发现有柱洞，分明柱和半壁柱两种，一般沿穴壁内侧排列，有的置于灶坑四角或居住面上对称分布。房址外围可能有一圈“二层台”。室内有的留有大量生活用具、生产工具及装饰品等遗物。生活用具多为陶制品，有罐、壶、盆、钵等。生产工具一般为石制品，有磨盘、磨棒、斧、锛、凿、杵、锄及球等。装饰品有骨、蚌饰件及玉器等。

在 2011 年发掘区中，有 7 座房屋因火烧后完整或局部地保存了房屋顶部的木质构架结构痕迹。其中F32是最大的一座，根据清理出的木质构架遗痕的结构和形态，基本可以复原房屋顶部的原始形状。这些房屋是由梁、檩、椽相互结合形成的四面斜坡式方锥形建筑，梁位于房址中部，四角由承重柱支撑，檩子搭建在主梁上，一端接地，一端聚向中间，檩子之间等距铺设椽子。发掘过程中在3座房址内发现大量人骨，十分凌乱，层层叠压，有破损、焚烧迹象，场面极为惨烈，埋葬简单仓促。其中F40内可辨识人骨个体98具，多为青壮年，妇女、未成年人所占比例较大。F44共出土个体数最少15具，各类器物23件。其中陶器7件，器型有壶、杯、圈足器、钵、筒

出土的彩陶饼

出土的麻点纹钵

出土的彩陶饼

出土的石斧

出土的石镞

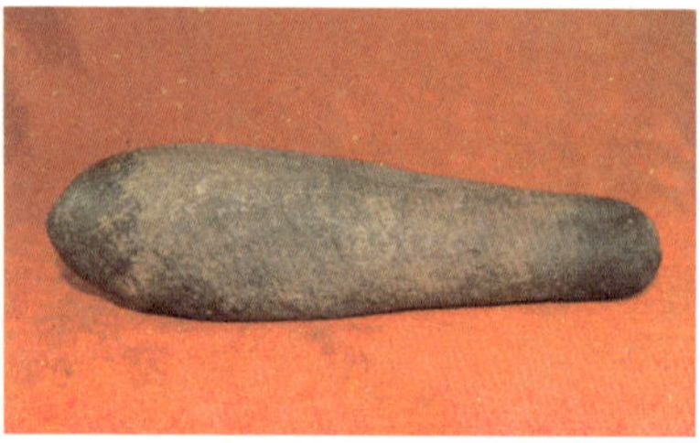

出土的石杵

出土的石磨棒

出土的素面筒形罐

形罐等；石器11件，器类为斧、镞、磨棒等；骨器3件；玉器2件，一为勾云纹玉器残件，另一为挂件。F45出土人骨1具，各类器物67件，其中居住面出土56件。玉器16件，有玉璧、玉挂件、玉璜及玉料等；骨角器18件，主要为角器、骨锥、骨簪、骨匕、鱼钩及骨料残件；陶器13件，主要器型为筒形罐、陶壶、陶钵及陶模具；石器9件，主要是石锛、石耜、石磨盘和饼形器等。F46出土人骨22具，各类器物38件。

其中玉器16件，主要为玉璧、玉坠、双联璧、匕形器、齿形器等，多为佩饰；陶器10件，器型为筒形罐、陶壶和陶罐等；石器10件，石锛、石斧、石杵等；骨器、蚌器各1件。F47出土6个头骨及3个下颌骨以及较多散乱肢骨，各类器物21件。其中玉器8件，为玉挂件、玉璧、玉璜与玉梳形器；陶器7件，器型为陶盘、陶钵、筒形罐与陶罐等；石器7件，主要为石磨盘、石锛、石球和石饼。

半地穴房屋基址出土器物情况

半地穴房屋基址出土器物与埋葬尸骨情况

灰坑散布于房址周围，平面有圆形、椭圆形、圆角方形和不规则形四种。圆形为主，椭圆形其次。多直壁，斜壁次之。底多为平底和圜底。坑内遗物较少，出土有陶片、动物骨骼、蚌壳等。

墓葬多散布于房址之间，个别为居室葬。土坑竖穴，有圆形、长方形两种，墓穴较短浅。多为单人葬，少数为合葬墓，合

半地穴房屋基址出土器物与埋葬尸骨情况

单人屈肢葬

多人合葬墓

葬2～5人不等。头大体为西向。仰身叠肢、仰身直肢、仰身屈肢、侧身曲肢葬均有。墓葬内几乎不见随葬品。

根据发掘与勘探情况初步判断，哈民忙哈遗址有两道环壕，相距5米左右，平面呈椭圆形。环壕沟体截面呈梯形，斜壁，平底。内侧环壕东西长约350米，南北宽约270米，壕宽1.2～2.1米，深0.6～0.8米。壕沟内填土为疏松的黑褐

多人合葬墓

色花土，包含少量陶片、动物骨骼、蚌壳等。2011年对内侧环壕进行了小面积清理，在壕沟开口处发现人骨4具，并在壕沟内发现有较多石镞，另有磨棒残件、石饼、纺轮、丫形器等。2012年对外侧环壕进行了局部清理，在沟内发现3具人骨，并发现零星的石镞、彩陶片。

哈民忙哈遗址经过三年的考古发掘，出土了丰富的陶、石、骨、

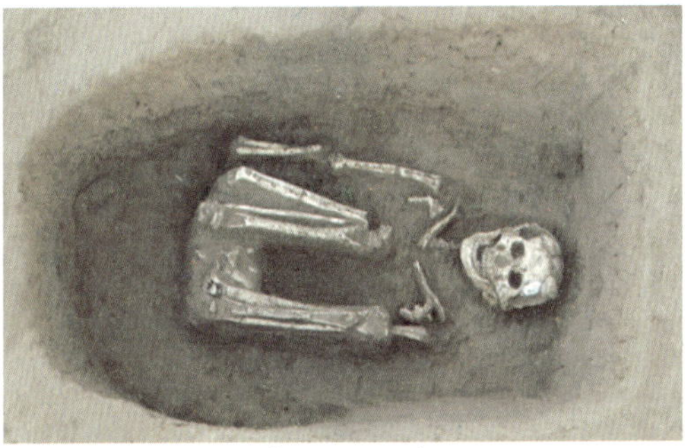

单人屈肢葬

单人屈肢葬

发掘出土的蚌饰

出土的骨板

出土的蚌刀

出土的骨梗石刃刀

玉等珍贵文物。陶器绝大多数为砂质陶，含砂均匀，颗粒细小。少量为泥质陶和夹砂陶。器表多为黄褐或红褐色，内壁经打磨，呈黑灰色。器壁厚薄均匀，手制，口沿部有轮修痕。烧制火候较高，陶质坚硬。器型有筒形罐、三足罐、壶、钵、盘、盆、斜口器、带流器、圈足器等，筒形罐、壶、钵、盆等多数成组出现。还有少量的丫形器、陶饼、纺轮等。纹饰以麻点纹、方格纹或素面为主，以麻点纹、方格纹最具特色。另外还有少量之字纹、篦齿纹、刻花纹及横向条形黑彩纹和弧线对顶三角黑彩纹。

石器多为生产工具，以琢制和磨制为主，少量为打制、压制。主要由石英石、石英砂岩、鞍山岩、硅质灰岩、燧石、玛瑙、玉料等制作而成。器类有磨盘、磨棒、耜、饼、刀、斧、锛、凿、砍砸器、盘状器、环状器、杵、镞、石叶等。

骨角蚌器多见锥、针、镞、匕、刀、坠饰等。

哈民忙哈遗址出土玉器50余件，多出土于房址内，玉器种类繁多，

出土的农业生产工具磨盘、磨棒

玉质细腻温润，造型精美，工艺精湛。器型主要有圆形璧、圆角方形璧、双联璧、钺、挂件、勾云形玉佩等，很多均属首次发现。

哈民忙哈遗址是考古工作者在北纬 43° 以北区域内首次大面积发掘的史前聚落遗址，其规模之宏大、保存之完好、遗迹现象之震撼、出土遗物之丰富，在整个东北乃至中国北方地区史前考古中极为罕见，因此哈民忙哈遗址的考古发掘在中国史前考古学研究方面具有十分重大的意义。

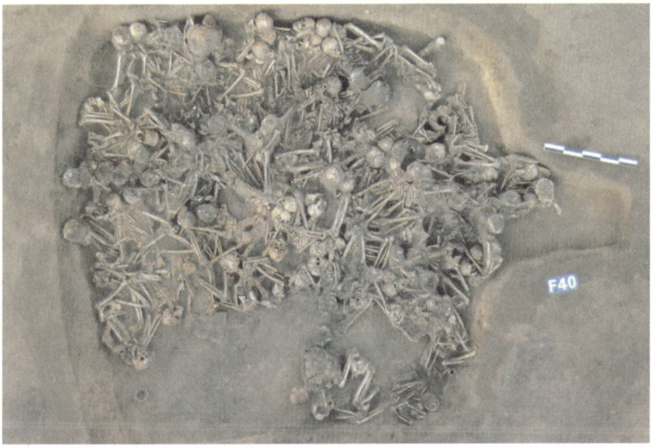

房址内人骨分布情况

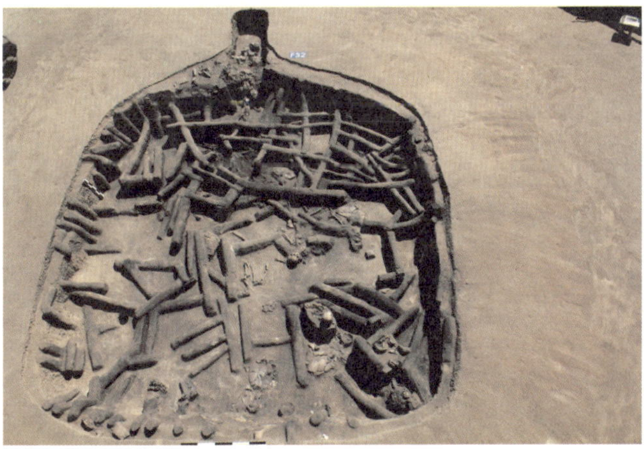

半地穴房屋木质结构坍塌遗存

哈民忙哈遗址由房址、灰坑、墓葬、环壕等组成，保存十分完好。房屋居址成排或成组分布，布局规整统一，房址内保存有大量当时使用的生产、生活设施，灰坑和墓葬散布于房址周边，构成一个十分完整的史前聚落形态。哈民忙哈遗址的发现对于揭示东北地区史前人类的生存环境及居住方式，探究古代社会人类群体之间的种群关系，复原古代社会氏族、部落、家族之间的结构形态、等级差别、财富分配，以及生产和生活状况、水平等，提供了十分翔实可靠的实物资料。

居住面遗迹遗物分布情况

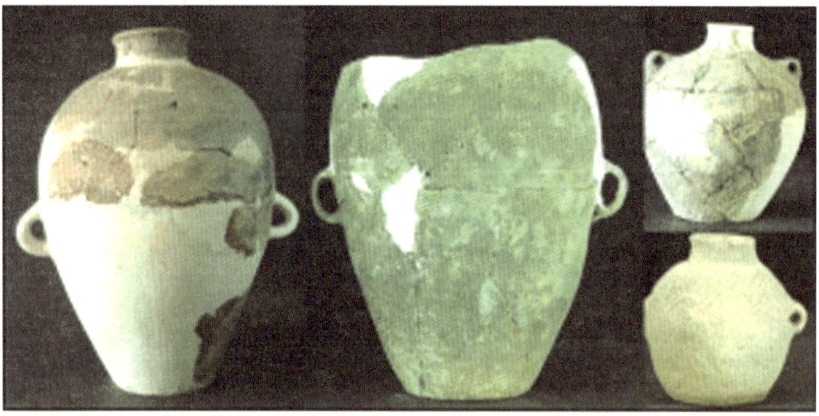

出土的陶器

出土的麻点纹筒形罐

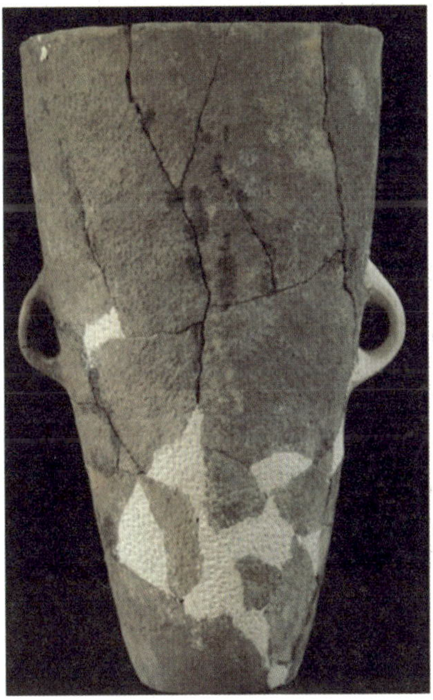

出土的筒形罐

在发现的部分房址中清理出房顶的梁架结构，一些房屋木质结构痕迹保存十分完好，这在中国乃至世界史前聚落考古中是第一次，为复原史前房屋的建筑方式及结构，提供了确凿的实物依据，堪称史前建筑史上的空前发现。

在一些房址内发现大量人骨遗骸，有的仰身，有的俯身，有的侧身，头向、面向、形态各异，无明显规律，有的遗骸层层叠压，应为人为弃置，场景十分震撼、惨烈。另外在环壕内还发现人骨遗骸及大量石镞。这些迹象真实地反映了古代部落或族群之间的复杂关系，历史的瞬间在这里永远定格，也让人产生无限遐想。

哈民忙哈遗址出土了大量精美玉器，除了温润细腻的玉璧、玉环、玉钺、玉坠等，还发现有加工玉器的坯料。部分玉器的器形与辽西地区红山文化的同类器十分接近，对于进一步探讨新石器时代考古学诸文化之间的关系具有重大意义。

经碳 14 测年，哈民忙哈遗址年代为距今 5600 ~ 5100 年，大体与红山文化晚期相同，但又不

出土的玉钺

出土的玉璧

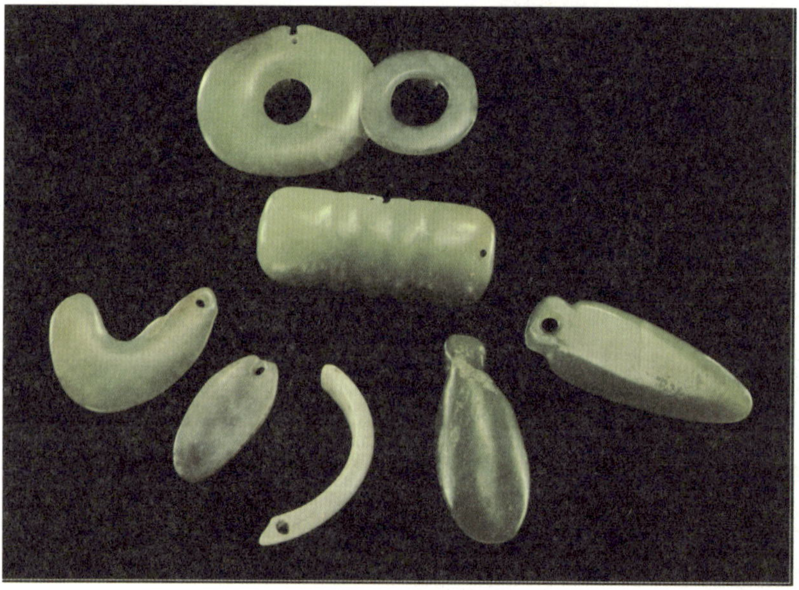

出土的玉器

同于红山文化。其房屋结构、墓葬形制、丧葬习俗又具有明显的区域文化特点；其陶器组合，特别是极富特征的麻点纹、方格纹及施纹特点，明显区别于辽西地区已经发现的考古学文化；由石耜、石凿、磨

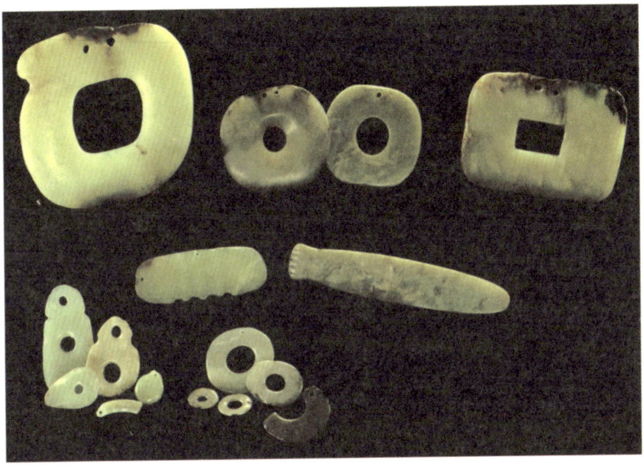

出土的玉器

盘、磨棒、盘状器、石杵、骨锥、骨匕、蚌刀等构成的生产工具组合，与周邻已知考古学文化亦不相同，应该是一种新的考古学文化类型，这无疑会填补辽西地区史前考古学文化的空白，进一步完善了东北地区考古学文化的序列谱系，为相关地区新石器文化源流的探索、文化体系的构建和区域间考古学文化关系的研究提供了新视角。

该项考古发掘荣获 2011 年度中国社会科学院考古研究所六大考古发现和全国十大考古新发现之一。

参考资料：

本文资料由吉平先生提供，并参考内蒙古文物考古研究所、科左中旗文物管理所《内蒙古科左中旗哈民忙哈新石器时代遗址 2010 年发掘简报》，《考古》2012 年第 3 期；朱永刚、吉平《探索内蒙古科尔沁地区史前文明的重大考古新发现——哈民忙哈遗址发掘的主要收获与学术意义》，《吉林大学社会科学学报》2012 年 4 期；内蒙古文物考古研究所、吉林大学边疆考古研究中心《内蒙古科左中旗哈民忙哈新石器时代遗址 2011 年的发掘》，《考古》2012 年第 7 期。

科尔沁史前文明的曙光
——南宝力皋吐聚落遗存

KEERQINSHIQIANWENMINGDESHUGUANGNAN
BAOLIGAOTUJULUOYICUN

南宝力皋吐聚落遗存位于通辽市扎鲁特旗东南约40公里，东北距道老杜苏木10公里，东距南宝力皋吐村约2公里，地理坐标东经121° 19′，北纬44° 24′，海拔220米。这里地处松辽分水岭，北依大兴安岭，南望科尔沁沙地和西辽河平原，东与松嫩平原相通，西及西南与西拉木伦河流域相连，是大兴安岭南麓草原与科尔沁沙地的交会地带。聚落遗存地面开阔，地表起伏平缓，平均落差仅5米，附近可见沙丘、耕地、季节性河流和小面积湖泊。

考古发掘区鸟瞰

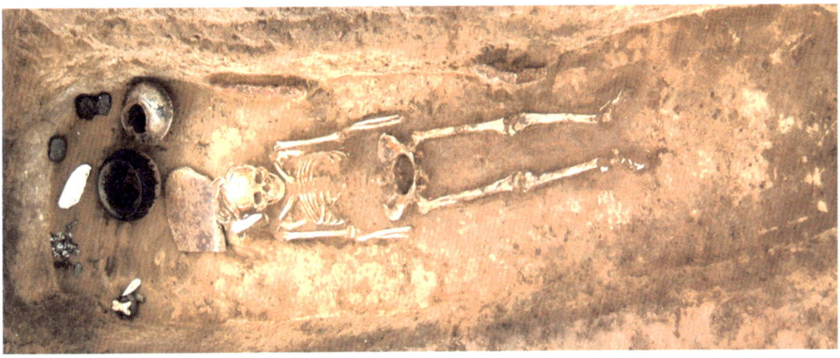

随葬品出土情况

20世纪90年代中后期，这一地区草原被大面积垦殖，该遗址发现并遭到一定程度的破坏。其后随着风沙等自然力的侵蚀，部分遗址及墓葬已经消失。近年来，大约近百座墓葬被盗掘，破坏十分严重。2006年夏末，内蒙古文物考古研究所组织人员对该地区进行了实地踏察，发现南宝力皋吐聚落遗存由多个墓地和遗址组成，可分为A、B、C、D四个地点。它们坐落在南宝力皋吐村西的高地之上，呈西北—东南向一线排列，各个地点相距约300米至1000米不等。A地点为2006～2007年发掘区南区，由墓地和遗址组成，遗址外围有壕沟，壕沟东侧为墓地。墓地平面整体呈长条形，长140多米，宽15～40米，面积5000余平方米。B地点为2006～2007年发掘区北区，由墓地和遗址组成，遗址外围有壕沟，壕沟东侧为墓地。墓地平面整体呈椭圆形，长约120米，宽10～40米，面积约4000平方米。C地点为墓地，位于A地点东南约1000米，平面形状略呈倒三角形，长30余米，最宽处30余米，面积约1500平方米。D地点为遗址，位于C地点南约700米，面积较大。2006～2008年内蒙古文物考古研究所会同科尔沁博物馆、扎鲁特旗文管所对聚落遗存进行了抢救性发掘，揭露面积11900平方米，清理墓葬395座（其中A地点231座、B地点127座、C地点37座）、灰沟2条、灰坑37座，出土各类陶器、石器（玉）、骨器、蚌器等1500余件。

墓葬集中在A、B、C三个地点，均为长方形土坑竖穴墓，开口于表土层下。墓葬深浅不一，距地表最深1.3米，浅者仅0.3米。墓葬规模参差不齐，墓圹最长达2米以上，短的不足1米，多数墓葬长1.5～2.5米，墓宽0.5～1米。个别墓葬发现有头龛或脚龛，但少见有随葬品。墓内填土为沙质黑褐色土，十分坚硬，内含少量细石器、碎陶片。墓向皆为西北—东南向，方向多在110°～160°之间，头向东南。葬式常见仰身直肢单人葬，少数为侧身葬、俯身葬，不见屈肢葬，极少双人或三人合葬墓，少数墓葬没有发现人骨，个别墓葬明显为二次葬、乱葬，同时发现有火烧墓。随葬品一般置于头顶部或肩部头两侧，亦有少量置于腰或两臂外侧。

出土的彩陶壶

墓地出土大量随葬品，包括陶器、石器（玉器）及骨、蚌器。其中陶器数量最大。随葬陶器有筒形罐、双耳壶、尊、钵、豆以及异形器（人物、动物造型陶壶）。最常见的陶器组合是筒形罐和双耳壶或叠唇弧腹罐。陶质绝大多数为细

发掘清理的房屋基址

出土的刺猬形陶罐

砂质，极少见泥质陶。火候略低，胎质较薄，器形大多规整。陶色多黄褐或褐色，有少量磨光黑陶，灰褐色陶极少。纹饰大体分为两种，一种是条形附加堆纹，或呈泥条状，或呈粗绳索状。另一类是刻划或压印形

发掘现场

成的复线三角纹或回形几何纹。条形附加堆纹多横向或竖向施于筒形罐上腹部，而压印复线几何纹多施于双耳壶腹部。尚有少量网状细线纹和戳印纹。彩陶多见黑彩几何纹、平行直线、动植物纹等。器型有双耳壶、龟形壶等。墓葬内出土的一件刺猬形罐，刺猬面部采用雕塑手法，双耳外突，眼鼻内凹，巧妙地将刺猬的圆嘴作为罐口，周身采用连续刻画的“V”字纹体现刺猬的满身芒刺。整个陶罐造型生动可爱，应该为玩具或饰品。另外，墓葬内出土的一件龟形陶壶也十分考

骨冠出土情况

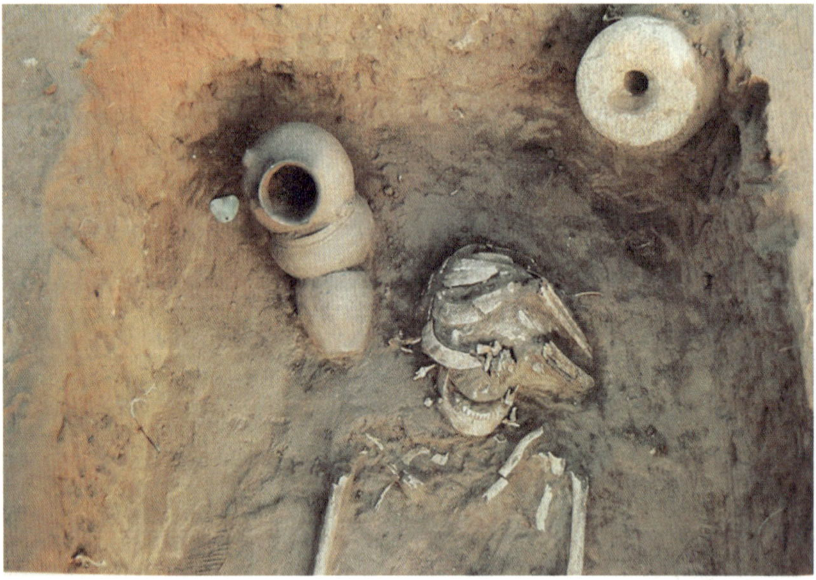

与骨冠共出的其它器物

出土的石斧

出土的石骨朵

究。陶壶整体似一只乌龟，背部开口。扁球形腹，流呈龟首状，头上翘，平底。腹部两侧有对称錾耳。器身施附加堆纹，局部施黑彩。龟形陶壶、刺猬形罐均属首次出上。石器分为压制石器、打制石器和磨制石器三类。压制的细石器多于磨制石器，磨制石器多于打制石器。磨制石器器形规整，打制石器较为粗糙。打制石器多为细石器，有石镞、石钻和刮削器，另有少量打制石斧。

出土的鼓腹罐

出土的鼓腹罐

出土的龟形壶

磨制石器有石斧、石凿、石磨盘和石磨棒等大型生产工具。随葬石器中还出土有大量松石、玉器等，如斧、锛、管状珠、环形坠、片状坠以及环、璜等饰件。在众多出土石器中，一件青石制成的五角蒺藜形石骨朵十分引人注目。此前所知骨朵最早出现于东汉以后，南宝力皋吐遗址出土的石骨朵使这种兵器的出现年代向前推了几千年。骨器以石刃骨柄刀为主，尚有少量骨锥、骨管。蚌类随葬品大多朽蚀，见有少量蚌环、蚌珠等。在南宝力皋吐墓葬中，共发现4个完整的骨角质冠饰，出土时骨冠很紧密地套箍在遗骸头颅上，帽子的形状十分明显。经检测发现，组成骨冠的是剖割成弧形条片的大型动物肋骨、獠牙或犄角，每个骨片两端都有孔，显然是绳索穿缀用的。骨片长短、弧度非常讲究，每顶冠由十五六片组成，骨条表面可能还覆盖过兽皮或编织物。这些骨冠是中国目前发现的新石器时代唯一能被称为“冠”的饰物，而在仰韶文化、大汶口文化等同时期的史前文化遗址中，尚未有类似发现。以前有的地方曾

出土的磨盘、磨棒

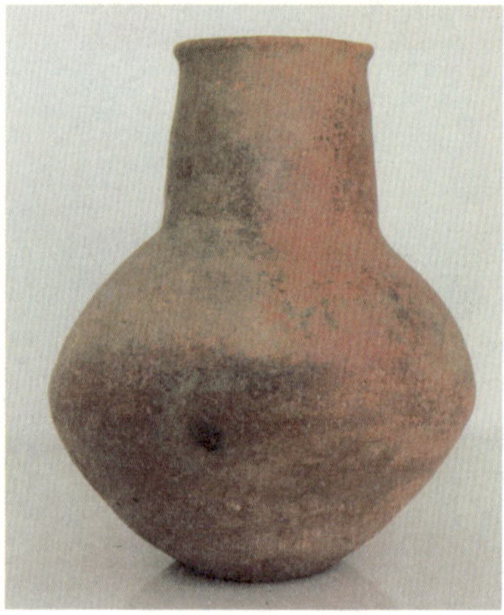

出土的红陶壶

出土的盘口双流壶

出土过被称做“束发器”的饰品，但这里发现的骨冠是扣套在整个头颅上部的，与“束发器”明显不同。发现骨冠的墓葬中有3座位于墓群的中心位置，随葬品均非常丰富，包括陶器、石器、骨器和玉器等。骨冠佩戴于墓主人头部，可能象征着其非同一般的身份和地位。此外，佩戴骨冠的人均为仰身直肢葬，骨骼保存完好，应该是营养状况良好的成年人。墓葬中出土的一把骨梗双玉刃短剑用骨作剑身，玉为刃，极为精美，可能是青铜短剑的前身。

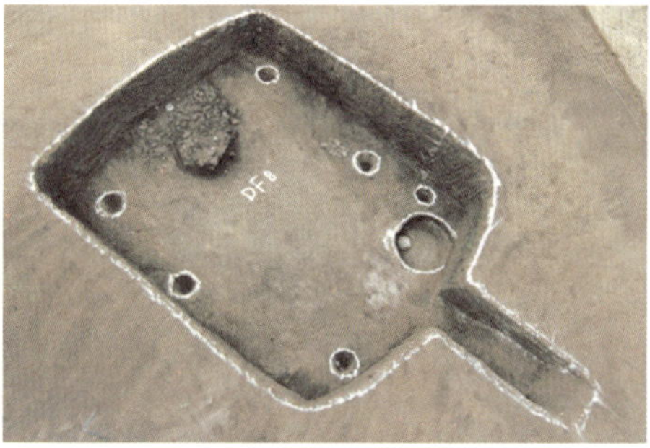

房屋基址

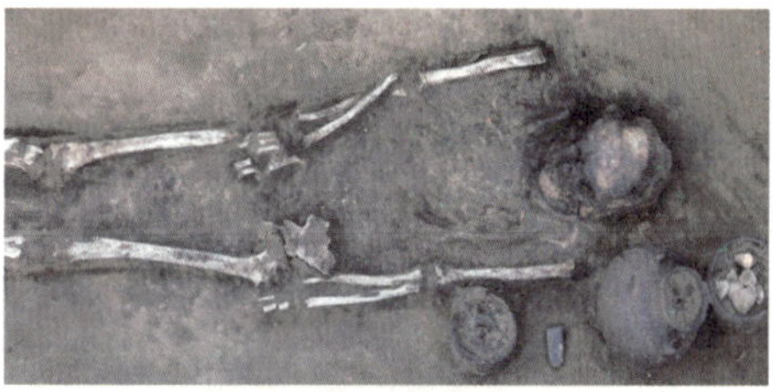

仰身直肢墓葬

出土的石矛

在南宝力皋吐聚落遗存A、B地点各发现壕沟1条，在D地点发现了一些房址。房址平面呈“凸”字形，表土层下开口，呈方或长方形，为半地穴式，进深与间宽没有规律，或进深大，或间宽大。面积一般为10平方米左右，大者近15平方米。墙壁保存较好，残高0.3～0.7米。居住面及部分墙面涂抹有细白黏土，圆形灶多位于居住面中部近门道处，直径0.5米，深0.4米。槽状狭长门道为斜坡式，宽度一般0.5米左右，长者近3米，短者不足1米，皆朝向东南。柱洞多位于墙壁下，直径0.1～0.15米，深0.2～0.3米，略

考古清理现场

外倾，数量不等，多者十余个，少者六七个。

房址内出土遗物较多，包括陶器、石器（玉器）和骨蚌器。其中陶器数量最多，器形有筒形罐、壶、盆等。常见陶器组合是筒形罐、壶或盆，陶质多数为夹砂陶或砂质陶，不见泥质陶，火候较高，胎质坚硬，陶色多褐色，有少量红陶，灰陶较少。房址出土陶器几乎均为素面，除加厚唇、乳钉和器耳未见其它纹饰。石器

人形壶出土情况

考古发掘现场

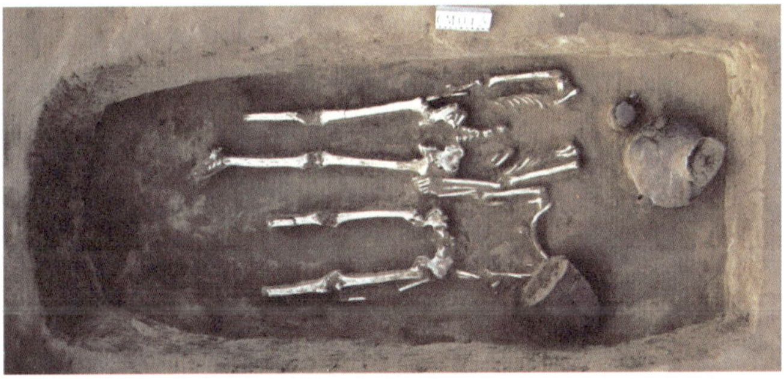

双人合葬墓

多磨制，器形规整精细，多见斧、凿。少量打制石器，有石片、石铲和刮削器，另见极少打制石耜。石质品中还出土有少量玉器，如斧、片状坠以及璜等饰件。骨蚌器亦有相当数量，但多已经粉化，见有刀、铲及装饰品。

南宝力皋吐聚落遗存是迄今为止内蒙古东部乃至整个东北地区发现的规模最大、获取遗物最为丰富、文化面貌极其独特的一处新石器时代晚期的大型聚落遗存。遗存中各墓地的墓葬形制相同，葬式、墓向统一，墓内出土陶器风格特征一致，且无打破关系，因此当属于同一种文化种群的遗存，年代距今约4500～5000年。而房址内出土的遗物与墓葬内出土遗物差别较大，应为略晚于墓地的另外一种史前文化遗存。南宝力皋吐聚落遗存出土遗物品种之多，数量之大，在以往的考古发现里是不多见的，尤其是完整的骨冠、管状器、带有

出土的玉璜

出土的玉牙璧

护刃的骨梗石刃刀等均为首次发现。大量复合工具的发现，为我们了解科尔沁草原史前的生业形态，探寻科尔沁文化源流提供了珍贵的实物资料。南宝力皋吐墓地出土随葬品文化属性复杂，如陶器中的高领双耳壶、尊形器、豆、钵等陶器显然具有小河沿文化的特征，而条形堆纹筒形罐、叠唇弧腹罐、复线几何纹陶壶等陶器与辽宁偏堡子类型同类器如出一辙，而横条形堆纹筒形罐、复线几何纹鼓腹罐等，又与东北北部嫩江流域的小拉哈一期遗存陶器十分相若。南宝力皋吐聚落遗存的发掘证明，在夏家店下层文化和高台山类型之前的新石器时代晚期，内蒙古东部地区与周边乃至更远地区就已经有密切联系，这里既有小河沿文化、偏堡子类型、小拉哈一期的痕迹，又有大汶口文化的影子，更有牛河梁文化、红山文化的因素，甚至西与新疆、甘肃，北与俄罗斯等地都有文化交融现象，是几种文化的融合体。大量绳索状条形堆纹筒形罐、细砂质深腹筒形罐以及形态各异的人物或动物造型的陶壶等构成了南宝力皋吐聚落遗存特有的文化面貌，它不同于这一地区我们熟悉的其它任何史前考古学文化，极有可能为东北地区一个全新的史前考古学文化类型。它的发现具有标志性意义，对研究内蒙古东部地区乃至东北地区新石器时代晚期的丧葬制度、生活习俗、制作工艺等提供了非常重要的实物资料，对于区分和建立东北地区史前考古学文化谱系将产生极大的推动作用。2007年，南宝力皋吐聚落遗存发掘因成绩斐然，被中国社会科学院考古研究所评为年度中国六大考古新发现之一，并荣获国家文物局“2007～2008年度田野考古奖三等奖”。

出土的大型陶壶

参考资料：

本文资料由吉平先生提供，并参考内蒙古文物考古研究所《2006年扎鲁特旗南宝力皋吐墓地的发掘》，《内蒙古文物考古》2007年第1期；内蒙古文物考古研究所、科尔沁博物馆、扎鲁特旗文物管理所《内蒙古扎鲁特旗南宝力皋吐新石器时代墓地》，《考古》2008年第7期；内蒙古文物考古研究所、扎鲁特旗人民政府《科尔沁文明——南宝力皋吐墓地》，文物出版社，2010年；朱永刚、吉平《关于南宝力皋吐墓地文化性质的几点思考》，《考古》2011年第11期。

东方特洛伊
——三座店夏家店下层文化石城址

DONGFANGTELUOYISANZUODIANXIAJIADIANXIACENGWEN HUASHICHENGZHI

三座店石城遗址远景

三座店石城址位于赤峰市松山区初头朗镇三座店村阴河左岸的洞子山顶部及南坡上，东南距镇政府所在地约2.5公里，东距赤峰市约40公里。遗址西侧为临河断崖，北侧与阴河东岸的山冈相连，南侧和东侧为河谷冲积而成的平川。遗址由东、西两座并列的石城组成。东侧城址平面近长方形，形制较小，南北长50米，东西宽40米，面积约1600平方米。小城东、南、北三面均有石砌的城墙和马面。西侧城址平面近圆角长方形，形制较大，北高南低，南北残存140米，东西残存110米，面积10000余平方米。东、北两侧有石

三座店石城遗址鸟瞰

考古发掘现场

砌城墙和马面，东侧与小城之间以一道列石为分界线。大城保存较完好，小城保存状况稍差。由于地表乱石横陈，坡度较陡，不宜垦殖，所以许多建筑露出地表，清晰可辨。

2005年6月至2006年11月,为配合三座店水利枢纽工程建设，考古部门对遗址进行了大规模考古发掘,揭露面积达9000多平方米，包括大城的绝大部分和小城的全部，清理房址65座、窖穴和灰坑49座，发现规模巨大的城墙及马面等遗迹，一座夏家店下层文化的山城全貌基本上被完整地揭露出来。

遗址地层堆积大部分地段可分三层，第一层为表土层，土色发黄，厚10～20厘米。该层由风沙沉积形成，包含少许晚近时期遗物。第二层灰褐色，厚5～30厘米。该层是在长期的自然营力作用下逐渐形成的，地层内包含铁铤铜镞等战国至汉代遗物。第三层灰白色或浅褐色，个别地段有若干亚层，为遗址使用时期的文化层堆

石筑房屋基址

积。该层遍布有石砌建筑遗迹，内包含陶片、石器等大量遗物。绝大部分石砌建筑遗迹都建筑在基岩或生土之上，从平面布局看，建筑遗迹基本上只有一层，叠压和打破现象比较少见。某些建筑内部的居住面还可以区别出2～3个层次。局部地段有第四层甚至更多层次的堆

石筑房址与院落

出土的陶甗

积。根据地层及出土遗物分析，该遗址绝大部分堆积属于第三层堆积。

大城清理城墙约140米，南坡下约15米尚未清理。墙体建筑方法因地段不同而有所差异。其中北墙两侧用石块包砌，中间填黄土；墙体外高内低，外侧残高3.5～4米，内侧则稍高于城内地面。东城墙只在外侧砌石，贴附在内侧的黄土台缘上。整个城墙成为高耸的护坡石壁，使整座城址形成一个凸起的高台。城墙外侧砌石有内外两层，有的地段为三层，形成厚达1米多的石壁，由外而内倾斜砌筑，向上渐收，倾角70°～80°。墙体外侧有15个马面，平面大体呈马蹄状，体量高大，多用石块砌筑三圈而成，

石城城墙外遗迹

个别为石块砌筑两圈而成。马面石壁与墙体石壁交错砌筑，坚实紧凑，向上渐收。大型马面的中心用黄土填实。如7号马面，长5.5米，宽5.5米，高1.5～2.1米，三重石块砌筑而成，倾角约80°。马面的第1、第2重石块砌筑在城墙第1层砌石的外侧，马面的第3重石块砌在城墙第2层砌石外侧，而城墙的第3层砌石位于马面第3重石块的外侧。马面中心呈马蹄状，填有黄色细沙土，长2.85米，宽0.85～1.6米。极少数马面状如石垛，砌筑不分层次，为一次性砌筑。马面之间距离较近，约2～4米。在6号和7号马面之间发现一处踩踏坚硬的地面，可能为进出的通道。在11号马面上发现缺口一处，推测为连接大城和小城的通道。城址内还发现有若干不同走向的石墙，将众多房址和窖穴划分成20余处相对独立的院落，由高到低呈阶梯状分布。院落之间多有一条共用的院墙。

大城内发现两条南北向主干道，其中一条通向中心院落。中心院落南部建有石砌关门，关门向两侧石墙凹进20～30厘米，用厚

石城城墙及马面

房址细部结构

3～6厘米、长15厘米左右的石片错缝叠砌而成。关门南段两侧的地面上各安放一块凿有圆窝的石块，窝内磨痕明显，当为安放门轴所用的门臼石。因此推测关门当时可能装有双扇开启的大门。门道大体呈南北向，长5.8米，宽1.2～1.4米，清理前用竖立的石板层层封堵。地面铺砌石板，踩踏痕迹十分清晰。城内东西向通道只存于遗址南部，发现有两条，南侧一条破坏较甚。

城址内的房址有双圈石砌房址、单圈石砌房址及半地穴式房址三类，其中以双圈石砌房址数量最多，单圈石砌房址次之。石砌建筑遗迹基本上分布在同一平面，仅在大城东部坡底地区堆积较为复杂，有叠压、打破现象。双圈石砌房址平面呈双圈圆形，直径7～10米。墙体均用石块砌筑，直接从地面起建，不设基槽。砌石之间有的用草拌泥粘合，有的直接垒砌，有的墙体为土石混筑，部分墙体壁面发现有抹泥现象。内圈为居室，室内有泥土筑成的居住面，基本保持水平，且较为平整，个别抹有白灰面。居住面上有用火痕迹，并留有陶罐、鬲等器物残片。柱洞发现极少。居住面一般不止一层，多者达三四层。内圈与外圈间为回廊一周，中间多有隔墙。回廊内发现局部经加工的硬面，但与室内居住面不同，平面不是水平的，有烧烤用火痕迹。有的房址内墙用直径不足10厘米的小石块垒砌，在室内墙脚处也粘贴一圈同样的小石块，石块间掺和泥浆，堆积在居住面周围。个别房址外墙只砌筑一部分，呈半圆状。在房址的南侧或东南侧，发现有台阶状砌石，其上踩踏痕迹明显，可能为出入房址的通道。单圈石砌房址一般作为双圈石砌房址的附属建筑出现，平面呈圆形，直径3～5米。室内为居住面，踩踏平整坚硬。有的居住面上遗留有陶鬲、罐等残片。少数房址的南侧另接一半圆形建筑，个别半圆形建筑的外侧保存一块凿有圆窝的砌石，应为门臼石。在部分文化层堆积较厚的区域，发现有3座圆角方形半地穴式房址，居住面抹有白灰面，因叠压在石砌房址底部，故未作全部清理，具体不详。

石城内房屋构成情况

石城内房屋构成情况

遗址内窖穴平面多为圆形，直径1～2米，直壁，穴壁用石块砌筑。有的一侧依托自然山石的陡壁，其余部分用石块砌筑。较大的窖穴，底部加工成硬面，有的垫土，有的抹草拌泥。部分窖穴底部发现有1～2个柱洞。窖穴内出土有陶器残片及石器等。城址内还发现有少量灰坑，较浅，平面不甚规则。

小城占地面积1585平方米，整体呈不规则形。四周都环列着石筑的城墙，但与大城相邻的西城墙构筑十分简便，其南段甚至仅以一排列石作为彼此之间的界限。南城墙的西端直接与大城的东墙相连接，在南墙上现存一处缺口，这里正值山水排泄口，基岩裸露，原始的情形已难明。或有门道、水关之类的设施亦未可知。在小城的东、西、北面共发现半圆形马面10个。南城墙上不设马面，在墙根处发现两具人骨，相距10米，皆头东脚西，仰身直肢，紧靠墙根放置。总体来看，小城无论城墙和马面较之大城都比较矮小简陋，砌墙的石块仅一层，马面的体量也小了许多，有的直径约2米。城内空置地增多，残存的建筑基址只有5处。

遗址内出土陶器、石器、骨器、玉器等遗物数百件，其中陶器、石器为大宗，骨器相对较少，玉器最少。陶器多出土在房址的居室内和回廊北部，少量出土于窖穴、灰坑或地层堆积中。以灰陶为主，分夹砂陶和泥质陶两大类。夹砂陶有灰、灰褐、红褐等色，器型有鬲、甗、罐、瓮、罐形鼎等。泥质陶有灰、灰黑等色，器型有鬲、尊、钵等。陶器纹饰以绳纹、绳纹加划纹为主，还有少量附加堆纹、戳印纹等。石器出土位置不规律，以双圈房址的回廊和窖穴内出土居多，一般靠近内、外墙墙角摆放。有磨制、打制两种。磨制石器多不甚精细，许多为粗经打磨的半成品，器型有斧、磨石、磨棒、刀、磬

出土器物

等。打制石器相对粗糙，器型有铲、饼形器等。骨器数量不多，种类有锥、簪、卜骨等。

石墙上残存的岩画

出土陶片上刻划的文字符号

遗址内还发现岩画3幅。第一幅为双漩涡纹，局部压在石墙之下；第二幅为双漩涡纹和折线条纹组成的人面（或兽面）纹，刻在通道中央的一块基岩上；第三幅是一块由密集圆窝组成的图案。依据岩画在遗址中的埋藏层位，可以确认这些岩画的作画时间至少与房址同时期或更早。在一些建筑基址的活动面上、窖穴中乃至陶器的腹腔内，还发现较多炭化的谷物籽实，经鉴定为粟、黍、豆科等类种属。另外，遗址中还发现两枚刻有类似文字符号的陶片，每片一个字符，作上下结构，具有典型的表意特征，如此成熟的文字类符号，无疑是一个重大发现。

三座店遗址为夏家店下层文化遗存，年代距今为4000～3400年，与中原夏王朝、商王朝早期的年代大体相当。从发掘出土的遗迹、遗物来看，该遗址是中国北方青铜时代早期文化的典型代表之一，其社会正处于国家产生的雏形阶段。从当时的使用工具和出土的粮食等推断，这里的先民已是一个较完善的农业民族，经济并不逊于中原地区。赤峰境内的英金河和老哈河水系发达，支流众多。

出土的陶器

沿河的两侧台地以及附近的山头上，分布着密集的夏家店下层文化遗址，无论数量和类型都甚为可观。三座店遗址大城、小城并存，从出土遗物和城内建筑形制分析，它们是一种共存关系而非前后相继。根据调查得知，在夏家店下层文化时期，像三座店这类大、小城相配置的建制是一种很普遍的现象，应该是当初的先民在规划建设聚落时出于某种考虑而做出的选择，它反映的是一种观念，20世纪60年代和90年代，考古工作者对阴河沿岸和半

出土的陶器

出土的石饰件

出土的陶鬲

支箭河中游的考古调查结果也证实了这一结论。

三座店石城址基本未被后世扰动损毁，遗迹间也不存在复杂的叠压打破关系，特别是规模巨大的城墙及星列的马面最大限度地保留着它的初始状态，蔚为壮观，这在辽西地区以及内蒙古境内极为少见。目前国内发掘的夏家店下层文化遗存相对较少，虽然有大甸子、大山前这样的夏家店下层文化遗址经过大规模考古发掘，但总体来说，夏家店下层文化遗存考古发掘工作仍很薄弱，已发掘的遗址类型不够全面，特别像三座店这样的山城遗址，尚无大规模全面揭露的先例。三座店石城址的发掘，对解释夏家店下层文化山城类遗址的功能和性质至关重要，为深入探讨夏家店下层文化所处社会发展阶段、辽西地区早期国家的出现以及中国文明起源等研究提供了考古实证资料，弥足珍贵。鉴此，三座店遗址考古发掘被中国社会科学院考古研究所评为2006年中国六大考古新发现之一，并荣获2006~2007年度国家文物局田野考古奖三等奖。

出土的石斧

出土的骨锥

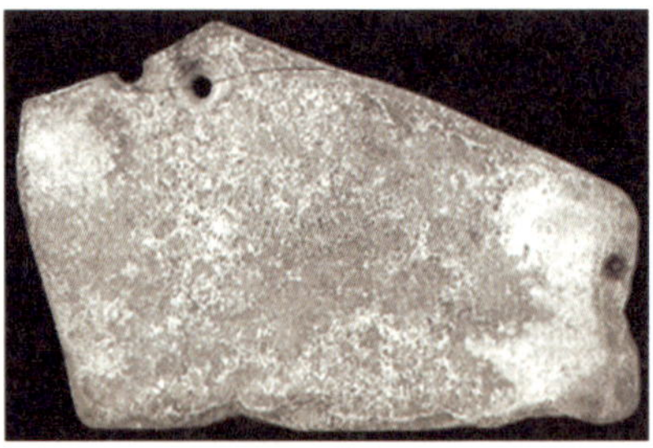

出土的石磬

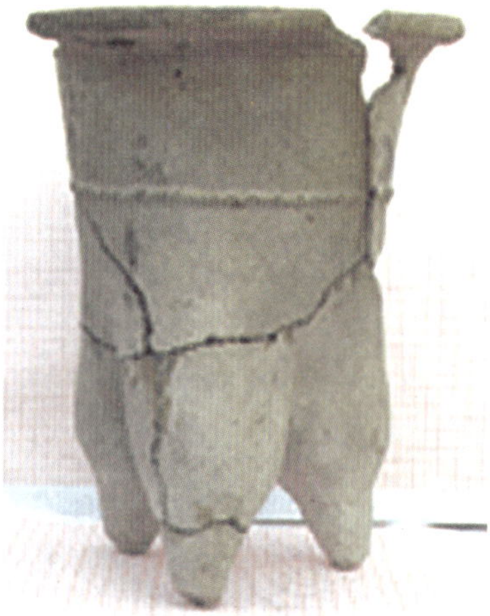

出土的陶鬲

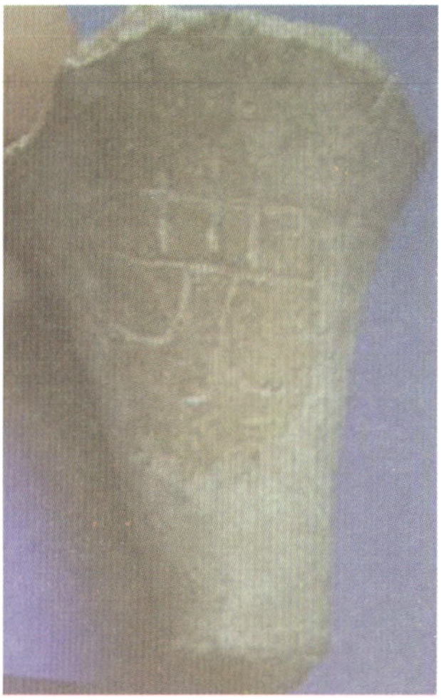

出土陶鬲足上的符号

三座店遗址发掘后，引起国内外考古学界极大关注，国家文物局、中国社会科学院考古研究所、内蒙古自治区文物局、吉林大学、内蒙古大学以及韩国、日本等专家学者纷至沓来，面对年代久远、规模巨大、气势恢宏的三座店石城址惊叹不已，有的专家学者甚至将其比作“东方玛雅”、“东方特洛伊”。

参考资料：

本文资料由郭治中先生提供，并参考内蒙古文物考古研究所《赤峰市松山区三座店遗址2005年度发掘简报》，《内蒙古文物考古》2006年1期；内蒙古文物考古研究所《内蒙古赤峰市三座店夏家店下层文化石城遗址》，《考古》2007年7期。

东方庞贝城
——二道井子夏家店下层文化聚落遗址

DONGFANGPANGBEICHENGERDAOJINGZI
XIAJIADIANXIACENGWENHUAJULUOYIZHI

二道井子聚落遗址鸟瞰

二道井子夏家店下层文化聚落遗址坐落于赤峰市红山区文钟镇二道井子村打粮沟门自然村北部的山坡之上，西北距赤峰市约12公里。2009年为配合“赤峰—朝阳”高速公路建设发现该遗址。遗址所处坡地地势平缓，东高西低，海拔617米。遗址位于山坡中部，隆起高于地表6米多，均为灰土，当地居民俗称“大灰包”。遗址南北约190米，东西约140米，占地面积约27000平方米。2009～2010年，内蒙古自治区文物考古研究所组队对该遗址进行了考古发掘，两年来共揭露遗址面积13000平方米，清理环壕、城墙、院落、房址、灰坑（窖穴）、灰沟、陶窑、墓葬等遗迹单位668个，出土陶、石、骨、铜、玉器及毛、草编织物等1500余件。

经发掘发现，该遗址堆积深厚，平均深度达8米，个别探方内文化层相互叠压达20余层，由环壕、城墙及城内遗迹、墓葬区四部分构成。

环壕平面大体呈椭圆形，南北长约190米，东西宽约140米。环壕剖面呈“V”字形，外壁呈斜坡状，内壁略呈阶梯状，口宽约11.8米，底宽0.2～0.35米，深约6.05米。城墙位于环壕内侧，基宽9.6

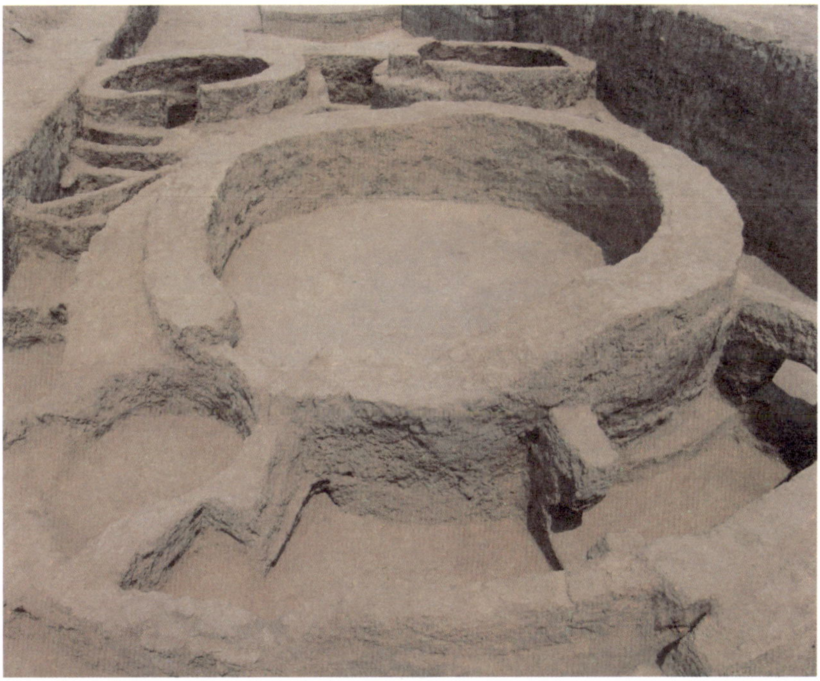

房址细部

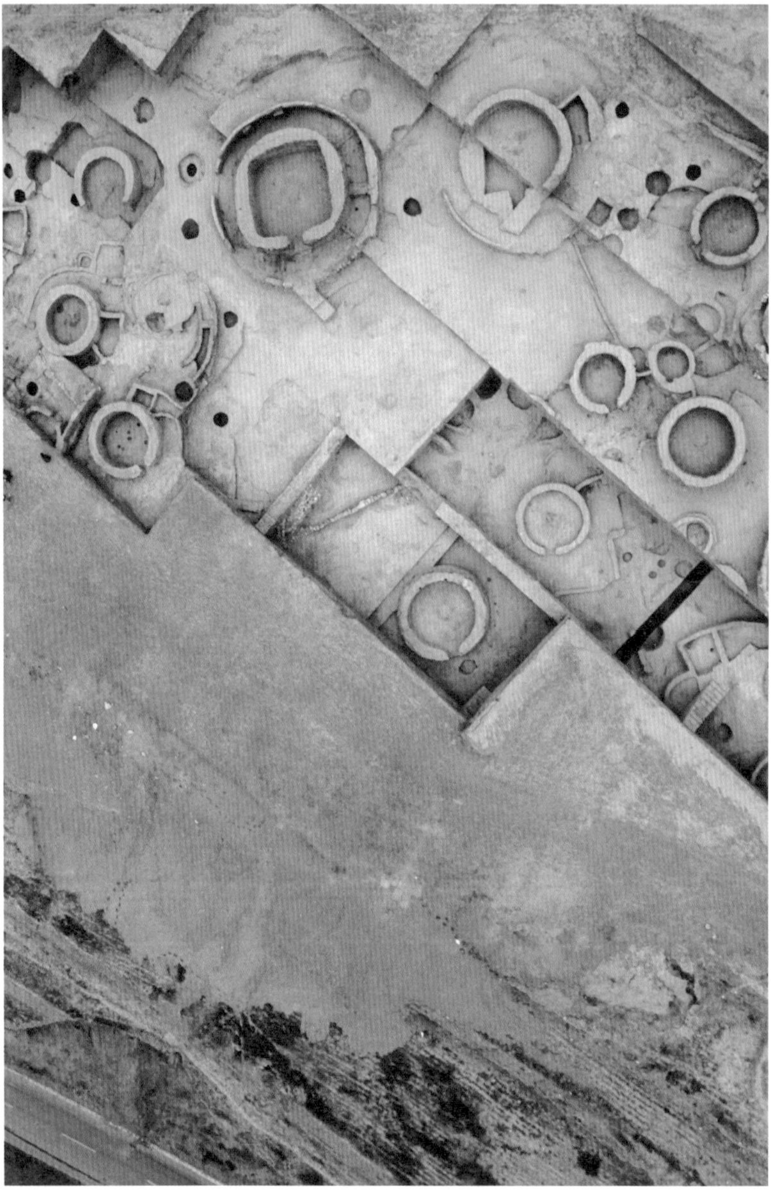

发掘区鸟瞰

遗址内清理出土的房址

米，残高6.2米。建筑方法为先挖成隆起于地面的梯形生土墙，进而在其两侧堆土包砌，使墙体的厚度、高度不断增加。城墙内侧坡度较缓，随着聚落内生活面的逐渐抬升，部分房址坐落于城墙之上；城墙外侧坡度陡峭，与环壕内壁相连形成统一的斜面，落差达12米。修建环壕时产生的积土直接用于堆砌城墙，由于城墙不断扩建，贴附于城墙的积土多者可达七层，且各层的结合面平整光滑，剥离自然。为使城墙更为坚固，个别地段进行了夯筑或包砌了土坯。

城内遗迹主要有院落、房址、灰坑（窖穴）等。2009年共发现完整院落4组，平面多近于圆角长方形，由房址、灰坑（窖穴）、院墙等组成。如三号院，东西长8.7～9.5米，南北宽6～7米，由院墙、踩踏面、院门、F69、F61和H153构成。院墙多夯筑而成，有的墙体上部用土坯或石块修砌，拐角处以石块包砌。踩踏面较为平整。有的院落之间有小巷。

房址151座，多在同一位置反复建筑，房址在废弃后均有意填充

大型房址

圆形房址的排列情况

或专门垒砌土坯，门道用土坯封堵，外围修筑多重墙体，上下叠压，最多者可叠压七层。房址分半地穴式、地面式建筑两种。大部分房址为居住建筑，少量有祭祀功能。半地穴式房址4座，平面呈长方形，斜坡式门道，南向或西南向，灶位于房址北侧中部，墙壁有草拌泥抹痕。踩踏面平整完好，多反复使用。有的房址内发现圆形柱洞，柱洞内壁贴有陶片。地面式房址147座，平面多为圆形，少数为圆角方形。墙体多为土坯错砌，部分为夯筑而成，内外抹有数层草拌泥，残高0.5～2.1米。个别房址在接近房顶处土坯内收，可能为土坯直接券顶。部分墙体之上设有瞭望孔。居住面经烧烤，抹草拌泥，有的厚达10余层。灶多为方形地面灶，位于居住面中部。门道多西南向，斜坡状，上窄下宽，门道两侧土坯砌成圆角弧形，有的房址设有门槛，草拌泥抹面，两侧置有门墩。门道踩踏面与墙体外侧活动面连为一体。房址外部多有侧室或回廊，一些房址的回廊或侧室建筑结构较为

清理出土的房址

房屋回廊、侧房

复杂，回廊内土坯砌筑横向短墙，将回廊分隔成数量不等的小隔间，有的隔间之间有门道或门洞相连。房址之间活动面多相连，有火烧痕迹，有的分布成排柱洞。

二道井子遗址共发掘灰坑（窖穴）239座，多位于房址周边，以窖穴为主，圆形袋状居多，坑壁平整光滑，大多在坑壁抹有草拌泥，有的坑壁用土坯垒砌，平底。部分窖穴还在坑边垒砌一周土坯围墙，并留有出口。一些窖穴内发现大量的炭化谷物颗粒和呈穗状的碳化粮食作物以及少量毛、草编织物。少量灰坑平面不规则，制作粗糙，人工加工痕迹不明显，与窖穴明显有别。

灰沟1条，呈不规则形，东西走向，长24米，宽1.1米，深0.88米。从遗址整体布局分析，灰沟可能是贵族墓与平民墓，或者墓葬区与生活区的“分界线”。

房屋的门道

房屋的内部结构

陶窑2座，火塘呈圆形，直径约1.4米，两个烟道，均位于火塘东侧，长0.6米，宽0.4米。未发现窑顶、窑界、火门等。窑壁四周因长期过火形成浅蓝色烧结面。

墓葬区位于遗址南部，共清理268座。1座位于灰沟北侧，竖穴土坑墓，东向，长3.3米，宽1.4～1.78米，深2.3米，有头龛，内有3件彩绘陶器。从墓葬位置、规模及出土器物分析，该墓葬等级相对较高。267座位于灰沟南侧，成排分布，墓葬间打破关系较少。其中

院落遗址构成情况

房屋分布情况

7座为偏洞室墓，其余为竖穴土坑墓。偏洞室墓东南向，除2座出土少量陶器外，其余墓葬均未发现随葬品。竖穴土坑墓260座，长方形，长0.7～2.5米，

出土鞋楦

出土的陶鬲

考古发掘现场

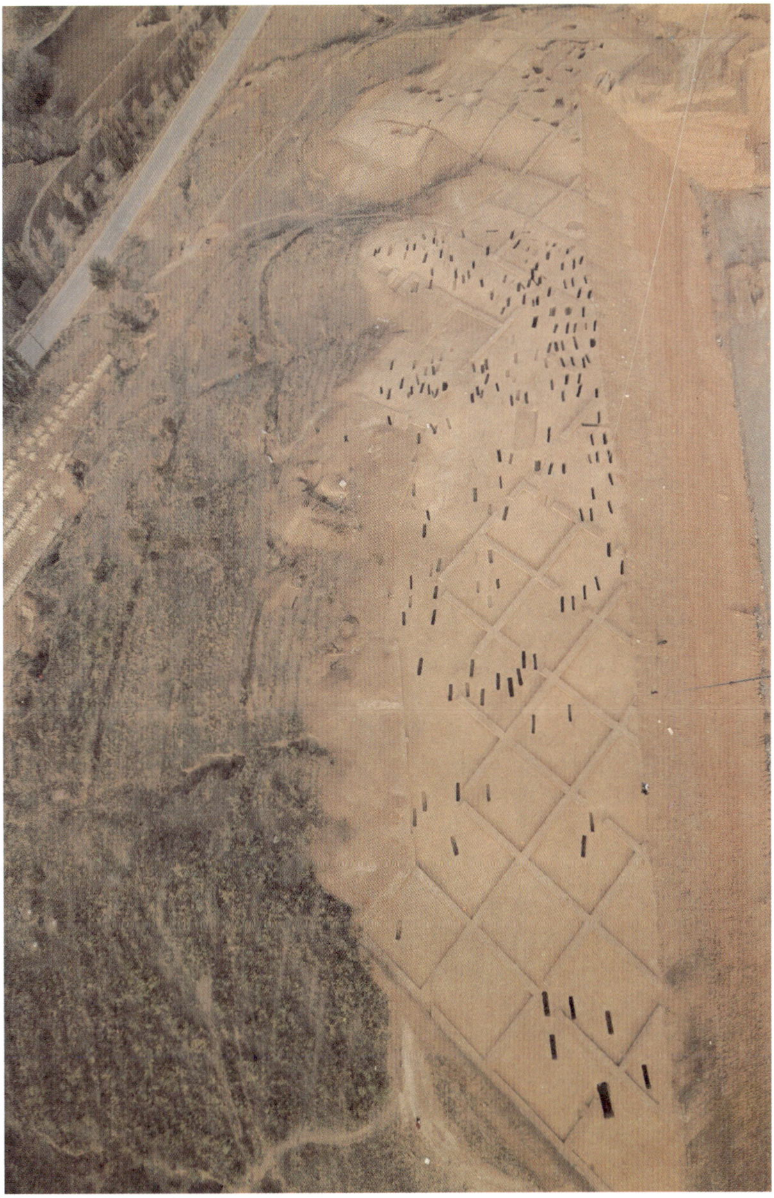

二道井子遗址墓葬区鸟瞰

墓葬内随葬的玉器

墓葬发掘现场

宽0.3～0.7米，深0.07～1.5米。仰身直肢，下肢并拢。多为东南向，少数为北向或东北向。绝大多数无随葬品，个别出土少量陶、骨、玉器。

出土遗物以陶器、石器和骨器为主，只发现少量玉器及青铜器。陶器的陶质有泥质、砂质、夹砂三类，陶色以灰褐色、灰色为主，少量为黑色、红褐色，素面器、绳纹器多见，少量为篮纹、附加堆纹和彩陶器。多见三足器、平底器，器类有筒形鬲、罐形鬲、盘形鬲、鼎、豆、罐、三足盘、大口尊、瓮、杯、

随葬品的出土情况

纺轮等。石器数量较多，磨制为主，生产工具最多，少量为生活用具。器类有斧、刀、铲、镞、锛、饼、球、钺、臼、杵、磨盘及磨棒等，其中用黄色砂岩磨制而成的鞋楦极具特色。骨器数量亦较多，多为生活用品，磨制精致，部分还刻划有精美的几何花纹。器类有勺、匕、镞、锥、铲、针、簪、针管、贝饰等，另见一定数量的卜骨。玉器数量较少，有斧、凿、璧、蚕、蝶、玦、环、项饰等。青铜器数量极少，体量小，有刀、锥以及耳环等。

二道井子遗址文化内涵单纯，文化堆积深厚，建筑遗迹保存完好，有环壕、城墙、院落、房址、窖穴、道路、墓葬区等，结构完备，设施齐全，组成一个非常完整的聚落遗址，是目前我国发现的保存最好的夏家店下层文化遗址。故宫博物院前院长、中国考古学会理事长张忠培先生认为该遗址是“中国考古七十五年来所见最好的废墟遗址”。到过遗址的专家学者也多用“震撼”、“宏伟”等词汇来形容它,因此二道井子遗址堪称“东方的庞贝城”。特别是遗址中房址

随葬的彩绘陶器

数量众多，结构独特，并且在同一位置重复建筑，多层叠压，房址内外活动面保存极佳，这些为了解当时的社会结构、聚落形态、埋葬习俗、建筑技术，研究同一遗址不同时期聚落形态变化，探索当时的经济形态、自然环境及人地关系等，均提供了极为珍贵的基础资料和翔实可靠的实物证据。二道井子遗址考古发掘荣获中国社会科学院考古研究所2009年度六大考古发现和全国十大考古新发现之一。

参考资料：

本文资料由曹建恩先生提供，并参考内蒙古文物考古研究所《内蒙古赤峰二道井子夏家店下层文化聚落遗址》，《中国考古新发现年度记录》，中国文物报社，2009年；内蒙古文物考古研究所《内蒙古赤峰市二道井子遗址的发掘》，《考古》2010年第8期；曹建恩、党郁、孙金松《完美再现青铜时代的“东方庞贝城” 内蒙古二道井子遗址发掘纪实》，《中国文化遗产》2010年3期。

左相遗宝——辽耶律羽之墓

ZUOXIANGYIBAOLIAOYELVYUZHIMU

1992年6月，内蒙古阿鲁科尔沁旗发生了一件震惊全国的大案。7月中旬，内蒙古自治区文化厅接到报告，称赤峰市阿鲁科尔沁旗罕苏市最近一座辽代大型墓葬被盗，据出土墓志得知为身世显赫的契丹东丹国左相耶律羽之之墓。文化厅随即将此消息转至内蒙古自治区文物考古研究所。内蒙古自治区文物考古研究所得知此消息后觉得事关重大，立即组建了一支实力较强的考古队伍奔赴现场，并会同赤峰市博物馆、阿鲁科尔沁旗文物管理所组成联合考古队，于8～10月对被盗墓进行了抢救性清理工作。

耶律羽之墓墓门开启情况

耶律羽之墓位于赤峰市阿鲁科尔沁旗罕苏木苏木。苏木所在地罕苏木南距天山镇130余公里，其东南约30公里处有一牧村，称古日板呼舒，村东北为绵延数十里的朝克图山。该山西端异峰突起，主峰峰尖鬼斧神工般地形成一个大沟堑，远远看去就像一个裂缝，当地人称之为“裂缝山”。山东南阳坡三面环山，形如簸箕，耶律羽之墓就坐落在坡南的山洼中。

耶律羽之墓为砖石结构，距地表10.2米，全长32.5米，方向为175°。由墓道、门庭、墓门、甬道、东西耳室和主室组成。原地表建有砖砌方形享堂，现只留残迹。

墓道为阶梯式，上窄下宽，坡度22°，长19.42米。台阶宽35~38厘米，高14~16厘米。墓道深至4.45米出二层台，再向下继续斜收。墓道外口宽1.9米，内口上宽3.8米，下宽2.52米，深8.1米。墓道用夯土、石块填封。

出土的葵口青瓷碗

出土的葵口白瓷碗

门庭距地表8.1~9.2米，呈长方形，上口宽3.8~4.16米，底宽1.94米，进深3.66米。连接墓门两侧为砖砌，表面抹有白灰。底部与墓门相接处铺砖，宽1.66米，其外为2米长的阶梯，前三级为砖砌，后三级为生土。近墓门处用巨石板叠压填封，厚约8米。

墓门由磨制精细的大型石构件组成，有门额、门柱、门楣及对开石门。宽1.92米，高2.76米。石门一扇保存完好，上用红、黑、黄等彩绘制一尊站立门神，装饰华丽，工艺考究。门神通高1.5米，面部宽

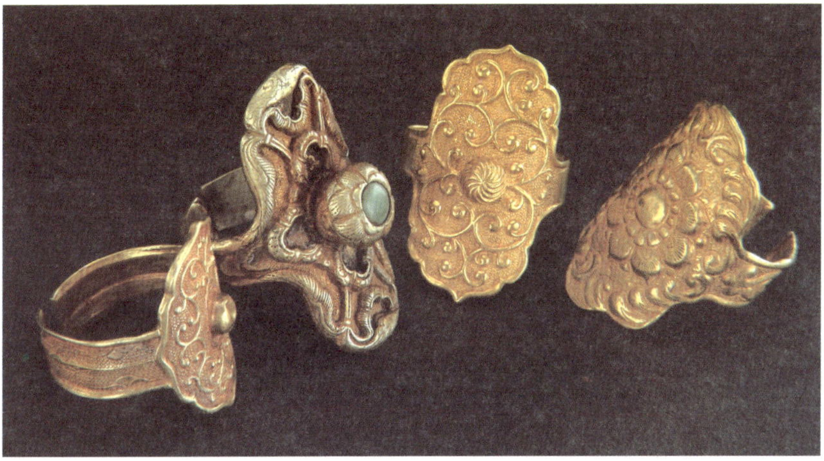

出土的金戒指

圆，怒目阔口，狮鼻虬髯，体态魁梧。头戴兜鍪，身披铠甲，足履高靿战靴，左手持剑柄，右手托剑身于胸前，雄赳赳，气昂昂，威风凛凛，英武至极。从门上的遗迹分析，被盗前可能有铺首之类的东西。另一扇石门被盗墓者拆下弃于墓室内，其上彩绘被践踏一空。石门外加砌封门砖墙，砖墙外再用长2.5米、宽2米、厚0.4米的整块巨石封堵。墓门顶部为石砌墙壁。盗墓者因无法移动巨石，遂破墓门上方石墙而入。

甬道呈长方形，宽1.92米，高2.9米，进深4.32米。为石条垒砌，至2米高处叠涩内收券顶，地面铺方砖。从外表残迹可以看出，原立壁及券顶均抹有白灰面，并有壁画。以白灰面为地，用墨线以白描的手法勾勒轮廓，局部着色。有人物、飞鹤、祥云、器具等内容。壁画绝大部分已经脱落，现只残存顶部较少部分，为4只丹顶鹤在10朵祥云间展翅飞翔首尾相逐的场景。正对主室门处放有墓志。

东西耳室位于甬道两侧，平面呈方形，叠涩攒尖顶。门道与顶部用石条砌筑，其余四壁为砖砌，地面铺有方砖。门道口设木门。门道宽0.98米，高1.4米，进深0.9米。东耳室进深2.4米，宽2.4米，立壁高1.12米，通高2米，随葬各种陶瓷器。西耳室进深2.24米，宽2.4

米，立壁高1.15米，通高2.04米，随葬有车马器等。耳室顶部及门道原抹有白灰，现均脱落。

主室平面呈方形，进深4.3米，宽4.06米，高4.05米。口部设石门，亦有门额、门柱、门楣及对开石门。宽2.54米，高2.14米。石门内外均以红色为地，寓意“朱门”。门中部绘团凤图案，上下角也绘

出土的白瓷盒

出土的青瓷碗

出土的瓜棱罐

出土的白瓷罐

出土的瓜棱盖罐

出土的白瓷罐

出土的金花对雁纹银唾盂

金花对雁纹银唾盂局部

出土的金花鸳鸯纹银唾盂

金花鸳鸯纹银唾盂局部

有飞舞的团凤。团凤外围饰缠枝花纹，空白处绘四毬路纹填补。门额、门柱、门楣等均遍绘图案，有牡丹、团花、缠枝花、卷草、忍冬、飞凤等纹饰。门槛为蓝地，上有白色装饰图案。这些彩绘线条流畅，色彩艳丽。室内四壁及顶部均用绿色琉璃砖砌筑。立壁自1.5米左右内收呈四角攒尖顶，顶部用巨大琉璃砖封顶，砖中心有铁环，用于悬挂铜镜。南壁门额顶部有半圆形壁龛，进深4.06米，宽1.04米，高0.44米。铺地砖有两层，底层用青方砖和红长方形砖打底，上层铺带有模印飞鸟、蝴蝶、花卉图案的绿色琉璃方砖。从主室内遗留

出土的鎏金錾花铜铎

的痕迹判断，在主室北部和东部砌有两座琉璃尸床，北侧尸床长3.76米，宽1.45米，高0.3米。东侧尸床长2.7米，宽1.32米，高0.3米。尸床外原有柏木小帐，均被严重破坏。从残存的零星构件分析，小帐涂漆绘彩，并有成组的人物、动物图案，以胡乐图最为精彩：由十人组成乐队，一幅幅排列在壁板正面，每幅绘一人，以红彩勾勒花边外框，内施白地作画，每幅长42.5厘米，宽22厘米。乐师均为男性，身着胡服，阔脸深目，具有胡人相貌

出土的对凤纹织金锦长袍

出土的“万岁台”金花银砚盒

特征，神态迥异，各持觱篥、排箫、琵琶、箜篌、手鼓、腰鼓等乐器，吹、弹、拨、击，彩带飞舞，欢腾跳跃。小帐上还绘有一组动物形象，有狮、虎、牛等，神态生动，形象逼真。在主室内还发现有精美的斗拱、门扇、镂空板饰、木雕饰件等。门扇对开，高约30厘米，边框四角及中部镶铜鎏金饰件。上半部开窗，下半部彩绘一蹲踞狮子图案。狮子昂首张口，红舌外吐，鬃毛浓密，尾巴竖起，极富力感。从凌乱的遗物判断，主室内原有棺床，棺床上有木雕狮子。现残留两件，圆雕，通高15.6厘

“万岁台”金花银砚盒局部

出土的五曲花鸟纹金杯

五曲花鸟纹金杯局部

出土的摩羯纹金耳坠

米，通体泥金，一雌一雄，蹲坐于莲花座上，形象逼真。主室内原设有彩绘花卉图案的石供桌，并放置大量金银器、佩饰、丝织品等。发掘中发现许多已被撕成大小碎块的绢、绫、罗、锦等丝织品，有墓主人四季穿的衣服，如袍、内衣、袜子等，还有丝

出土的摩羯纹金耳坠

制幔帐。这些丝织品上绘有奔鹿、团凤、花卉等图案，一件夹衣的残片上还用金线绣着一只金光灿烂的孔雀。在墓室内壁上还发现一些铁钉，可能是悬挂帷幔所用。因盗掘尸骨十分凌乱，但可断定为两具，残存两个下颌

出土的酱釉钵

出土的酱釉罐

出土的白瓷粉盒

骨，应为耶律羽之及其夫人遗骸。因破坏较甚，故葬式已无从知晓。北侧尸床较大，位置居中，下层铺有红砖，应为营建墓室时专门铺设，推测为耶律羽之所寝。东侧尸床位于边侧，建于主室普遍铺设的青砖之上，与北侧尸床造法比较，尚未提前进行建置，推测该尸床为耶律羽之葬后不久就病故的夫人重衮所寝。由于墓葬被盗掘得十分严重，金银器、铜器、陶瓷器、玻璃器、丝织品等都被洗劫一空或严重损毁，绝大部分随葬品均失去出土位置、原貌，甚至有的已经遗失，现存遗物基本为追缴所得，所以大量原始信息也就不得而知了。

从发掘出土和追缴的遗物看，耶律羽之墓随葬有大量精美遗物，主要有金银器、铜器、铁器、陶瓷器、丝织品、车马器、木器，以及

玉、玛瑙、玻璃、水晶、琥珀饰件等。

金器按用途可分器皿和饰品两种，有杯、戒指、手镯、耳坠、坠饰、镂空金球等。银器按工艺分为金花银器、鎏金錾花银器和素面银器三种，类别上以器皿数量为最多，还有文房用具、饰品等，有砚盒、渣斗、碗、粉盒、箸、把杯、盒、盘、罐、盆、匜形器、勺

出土的褐釉鸡冠壶

等。铜器多为日常用具、装饰品及构件、马具、带饰散件等，有灯盏、铜镜、饰片、构件、铃、铜泡等，马具有鞍桥包片、鞧带饰片、节约、带扣、带箍、带銙、带饰等。铁器占有一定比例，种类丰富，分容器、工具、车马器、武器等几类，有鼎、执壶、镐形器、斧、锤、刀、削、蒺藜、镞、车輨、锁等。陶器数量较少，只发现瓜棱

出土的白釉鸡冠壶

出土的绿釉贴花长颈瓶

出土的双耳四系青瓷盖罐

壶、绿釉陶瓶两件。瓷器为随葬品大宗，器类丰富，窑口众多，涉及邢窑、定窑、越窑、耀州窑等，器形有鸡冠壶、盘口瓶、盖罐、罐、钵、碗、粉盒等。木器均为装饰器具，有泥金木雕狮、彩绘小门扇等。丝织品数量众多，品类丰富，有锦、绢、绫、罗、绮、纱等。另外，还出土有玉带銙、玛瑙管、玛瑙璎珞、玛瑙臂饰、水晶球、琥珀串饰、琥珀璎珞、玻璃器残片等。金银器占有较大比例，多采用锤碟、錾刻、镶嵌等工艺，银器、铜器多鎏金。铁器有的错金银。这些遗物制作精美，工艺十分考究，堪称精品。

耶律羽之墓是目前内蒙古地区发现较早的、有明确纪年的契丹贵族墓葬，其规模宏大，装饰讲究，墓室以琉璃砖为建筑材料，坚固美观，这种四壁生辉的设计在众多辽墓中堪称一绝。墓内出土的随葬品做工精湛，许多文物在工艺和造型上都极具特色。其中以鎏金錾花银罐、盘口穿带白瓷瓶最为名贵。另外出土一方墓志，在用灰色砂岩做成的题为“大契丹国东京太傅相公墓志铭并序”的墓志中，用1210个楷书文字记载了耶律羽之属皇族近

出土的花式口金杯

花式口金杯局部

支的显耀世系，及其生平事迹。洋洋千余言，史料丰富，特别是有关契丹与鲜卑关系的记载殊为珍贵。原志文字口勾金，现已脱落。

耶律羽之(890～941年)，六院部蒲古只夷离堇（统军马大官。

出土的鎏金錾花银盘

出土的鎏金錾花银盒

会同初，改为大王）之后裔。曾祖父勤德、祖父曷鲁匣麦、父偶思均为契丹迭刺部首领。勤德就是大契丹国开国皇帝耶律阿保机的曾祖父萨刺德，即辽懿祖。羽之，小字兀里，字寅底哂。自幼豪爽不群，好学不倦，通诸部语。对儒家思想，佛教经典及老庄等学说的研究较深，对书算射御之艺无不精通。“事有寓目历耳者，终身不

鎏金錾花银盒盖部

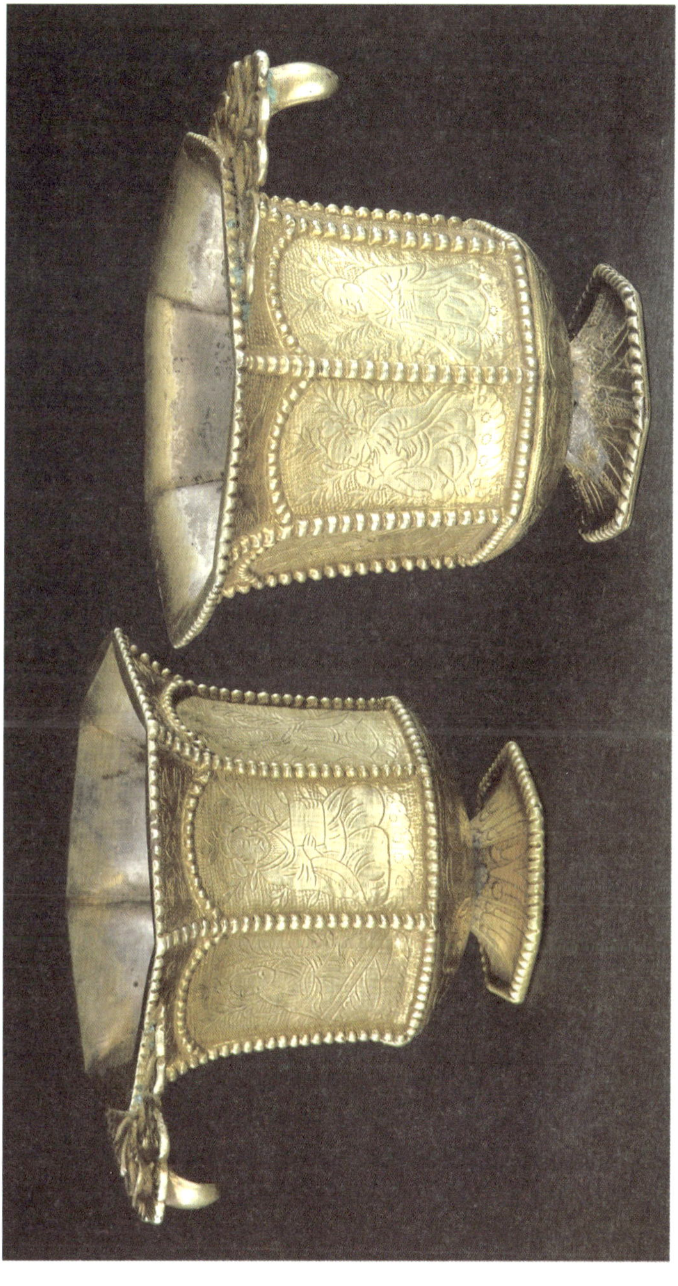

出土的鎏金錾花单耳金杯

出土的玛瑙水晶璎珞

出土的琥珀水晶璎珞

忘；言有可记堪录者，一览无遗。”博学，善辩，文武兼备，颇有才干。阿保机建立契丹国之初，多预军谋。天显元年（926年），契丹征服渤海后，即在其地建东丹国，立皇太子耶律倍为人皇王（亦称东丹王），都天福城（即忽汗城），并仿渤海旧制，设左右大相、次相及平章事等官。羽之任中台省右次相，“虽居四辅之末班，独承一人之顾命”，成为东丹国建国安邦的实权人物。又临事勤恪，树立了较高的威信。天显二年（927年），迁外左大相，成为总领东丹国政的大臣。天显三年（929年）十二月，羽之上表辽太宗耶律德光，陈说政见，建议将东丹国的渤海遗民迁到辽东的梁水之地。表中说：“渤海昔畏南朝，阻险自卫，居忽汗城。今去上京辽邈，既不为用，又不罢戍，果何为哉？”“遗种浸以蕃息，今居远境，恐为后患。梁水之地乃其故乡，地衍土沃，有木铁盐鱼之利。乘其微弱，徙还其民，万世长策也。”表奏上，太宗嘉许采纳，下诏将渤海遗民徙于东平郡（今辽宁辽阳），升东平郡为南京。渤海民众本不愿迁徙，在强制中有些逃亡到新罗和女真，有些则“保聚方隅”。耶律德光又下诏说渤海民困乏不能迁的，准

出土的鎏金木雕狮

出土的盘口穿带白瓷瓶

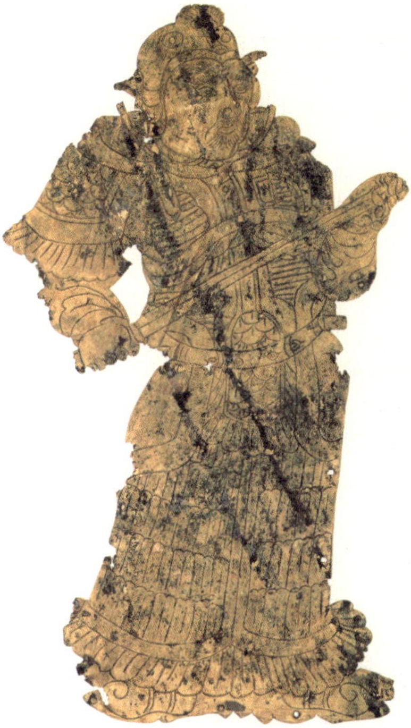

出土的铜鎏金门神

出土的褐釉瓷壶

出土的酱釉瓷罐

许契丹富民给赡而隶属之。通过强迁、焚毁民宅等种种手段，终使大规模的迁民之举得以实行。渤海民迁到辽东，置于契丹朝统治者严密监管之下，辽东一带经济因人口增多而有所发展。只是原东丹国地方不复见昔日繁盛，不少地方变成荒烟蔓草之区。天显五年（930年）十一月，人皇王出奔后唐，东丹国不再立国主，羽之成为实际上的最高统治者，继续执政八年。因其卓有政绩，于会同元年（938年）进阶上柱国，任东京（辽阳）宰相。会同三年六月，表奏左次相渤海大素贤贪墨不法

出土的铜鎏金门神饰件

出土的摩羯纹金花银碗

出土的海兽纹铜镜

事，辽太宗诏僚佐部民举有才德者代之。会同四年（941年）八月十一日，病卒，终年52岁。谥号文惠公，并刊刻石铭，记其功德。墓志铭中“其先宗分佶首，派出石槐”的记载将契丹族源之争一举定论。

耶律羽之墓的发现，真实地再现了辽朝当时在政治、经济、文

出土的盘龙纹铜镜

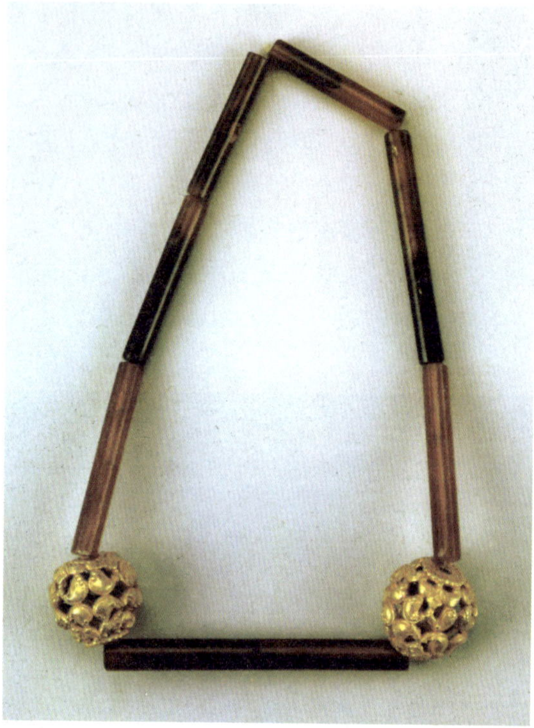

出土的玛瑙金球臂饰

化、艺术等方面所取得的高超成就。该墓的考古发掘被评为“1992年全国十大考古新发现”。

参考资料：

本文资料由盖之庸先生提供，并参考内蒙古文物考古研究所、赤峰市博物馆、阿鲁科尔沁旗文物管理所《辽耶律羽之墓发掘简报》，《文物》1996 年第 1 期；盖之庸《探寻逝去的王朝——耶律羽之墓》，内蒙古大学出版社，2004 年。

辽代艺术宝库
——宝山壁画墓

LIAODAIYISHUBAOKUBAOSHANBIHUAMU

二号墓寄锦图局部

辽墓壁画是学术界公认的“中国壁画的最后闪光”，在中国绘画史上占有十分重要的地位。到目前为止，内蒙古地区共发掘出土辽墓壁画数百幅，这些壁画主要集中在赤峰市、通辽市、兴安盟境内，以赤峰为最：敖汉旗、巴林左旗、巴林右旗、阿鲁科尔沁旗、

一号墓北回廊北壁宴桌犬羊图

一号墓北回廊北壁犬图

宁城县等地均有发现，仅在敖汉旗境内出土的就有百余幅。在内蒙古地区所有出土的辽代壁画中，以阿鲁科尔沁旗发现的《贵妃教鹦鹉诵经图》研究价值和等级最高。《贵妃教鹦鹉诵经图》出土于宝山辽墓，同时又有其它大量精美壁画出土，可以说阿鲁科尔沁旗宝山辽墓堪称辽代壁画的艺术宝库。

宝山辽墓位于赤峰市阿鲁科尔沁旗东沙布日台乡西南12.5公里，西与巴林左旗毗邻，离辽上京约30公里，东距宝山村1.5公里。宝山又名“老头山”，属于当地的神山，墓葬位于其主峰阳坡之上。这里有一长方形茔园，北向略偏东，东墙长197米，西墙长201米，

一号墓北回廊北壁宴桌图

一号墓东侧室东壁牵马图

一号墓东侧室东壁牵马图中马鞍

南墙长167米，北墙长172米，基宽7米左右，残高1～2米。墙体夯土板筑，夯层厚0.2～0.4米。东、南各设一门，门置瓮城。东门宽7.6米，瓮城北墙基宽4.7米，残高1.8米；南门宽9米，其东侧有门房遗迹，瓮城西墙宽5.2米，残高1.5米。茔园内北高南低，内有大中型墓葬10余座，从南至北较为规律地分为3排，中心位置有一个大型台式建筑，可能为祭殿或享堂。从建置规模上看，此地当为一处契丹显贵家族墓地。1993年冬，墓地内一座墓葬被盗。1994年10月，内蒙古自治区文物考古研究所会同赤峰市博物馆、阿鲁科尔沁旗文物管理所对其进行了抢救性考古发掘，并在该墓葬西侧约40米处又发现一座被盗墓葬。两座墓葬分别编号一号和二号墓葬。一号墓于当年发掘完毕，二号墓由于受条件限制，1996年方完成发掘。

一号墓位于墓园东北部，距东墙24米，距北墙45米。砖石结构，正南向，由墓道、门庭、墓门、甬道、墓室、石房组成，全长22.5米。

一号墓北回廊北壁羊图

一号墓高逸图局部

一号墓高逸图局部

墓道为斜坡式，长12.76米，坡度23°，由坡道和砖砌阶梯两部分组成。前半部分为坡道，后半部分为14级砖砌台阶。入口处宽2.2米，连接门庭处底宽2.8米，上宽3.55米，深5.7米。

门庭近于方形，宽2.95米，进深3米。在墓门两侧用砖砌筑，呈庭院状。东西两侧墙高2.14～2.97米，长约3米。墙体采用砖雕、影作成仿木结构，双柱凸立，底有柱础，顶部影作阑额，上托雕绘的斗拱，一斗三升，栌斗正中出单昂、齐心斗。斗拱之上为橑檐槫，槫上砌圆形檐椽和影作方形飞檐。檐头上铺滴水、瓦当，脊顶部砌瓦砖各一层，上扣筒瓦。墙体表面抹白灰。

墓门为砖砌筑而成，圆拱形门洞，高2.02米，宽1.4米，上筑歇山顶门楼，通高3.98米。拱门外砌立颊、门额，立颊正

一号墓降真图局部

中及两侧雕有花式门簪。普柏枋上雕绘斗拱四组，均作一斗三升。檩檐榑上砌圆形檐椽和方形飞檐，椽头砌板瓦、筒瓦。脊顶部砌瓦一层、砖两层，上扣筒瓦。

甬道呈拱形，高2.02米，宽1.4米，进深1.62米。地面铺方砖，壁面及券顶抹白灰。甬道内砌三重封门砖墙，并装有木门一道，残存部分门栏及边框。

墓室近于圆角方形，进深5.84米，宽5.42米，高5.3米。穹窿顶。四壁及顶部砖雕、影作仿木结构，四角彩绘半明柱，立壁高1.58米，壁顶砌阑额一周。立柱与阑额顶部雕绘8朵斗拱，柱头4朵，补间4朵，斗拱托影作檩檐榑一周，其上砌8条支架，顶部呈八角井状。地面铺花纹方砖，四壁及顶部仿木结构空白处抹白灰面，上作壁画。

石房为长方形，建于墓室中北部，用整块石板组装而成，石板

一号墓降真图局部

一号墓墓门前室南壁男吏图

雕琢精细，南北长3.7米，东西宽3.16米，高2.36米。门与甬道相对，有门额、门柱、门槛、门墩及两扇对开带锁石门，宽1.73米，高1.9米。东、西、北壁外表抹白灰，影作仿木结构。石房内宽2.6米，进深2.76米，高2.06米。内部地面铺有石板，后半部用花纹砖砌筑尸床。尸床长2.6米，宽1.17米，高0.25米。尸床周围有散弃人骨、碎丝织品等。从残留遗物可推断，该墓葬原有彩绘木雕小帐，墓主人下葬时身罩银丝网络。石房四壁及顶部磨光并作画。

石房顶部四角有彩绘石雕圆柱，用于支撑墓室顶部，高1.88米。在石房四角近顶部与墓室立壁间横架8根条形石过梁，在正面两侧过梁下各设一木门，将墓室与石房的空间分隔开，使整个墓室格局变得规整而特别：石房正面空间成为半封闭状，可视为“前室”，石房为“主室”，石房两侧空

一号墓墓门前室南壁女仆图

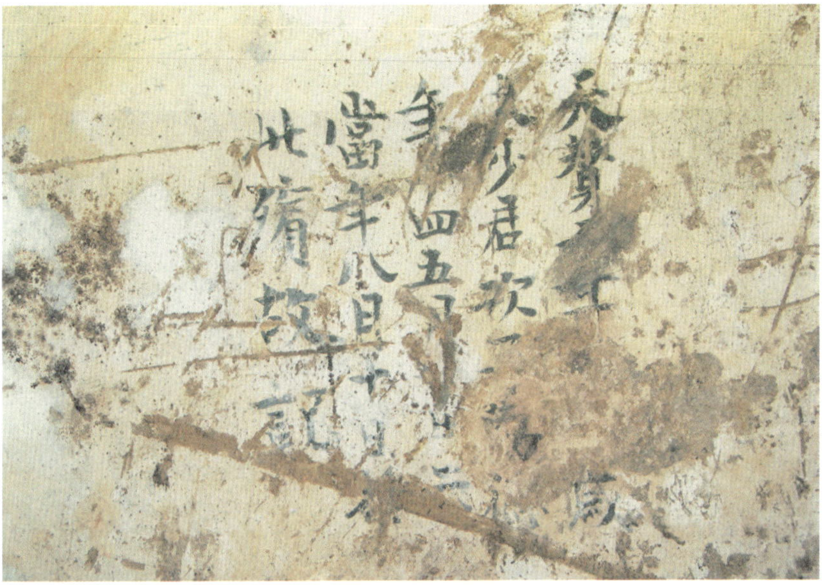

一号墓墨书题记

一号墓彩绘斗拱

一号墓牵马图局部

间为“耳室”，石房后面通道为“回廊”。墓室北壁正中绘有门扇，寓意通往室外的门户。“耳室”与“回廊”砖铺地面比“前室”高出一层。

由于墓葬曾受多次盗掘，随葬品几乎洗劫一空，只发现零星遗物，主要有金、铜、铁、陶、瓷、骨器及丝织品等。金器有金环、饰件等，铜器有鎏金錾花饰件、带扣、门鼻等，铁器有挂钩等，陶器有釉陶碗等，瓷器有白瓷盘、白瓷器盖等，骨器有骨管、围棋子等。

二号墓位于墓园中部偏北，东距一号墓39米。墓葬用石条砌筑而成，方向95°。形制与一号墓基本一致，由墓道、门庭、墓门、甬道、墓室、石房组成，全长25.8米。

墓道为斜坡式，长19.25米，坡度16°，由坡道和阶梯两部分组成。前半部分为坡道，后半部分为5级生土台阶。入口处宽2.3米，连接门庭处底宽3.5米，上宽4.2米，深6.86米。

一号墓牵马图局部

门庭十分简单，墓门两侧壁面有1.25米长的白灰墙，墙顶部与墓门转角上方斜砌石板数层，底部地面斜平。

墓门高2.56米，宽3.24米。门面抹有白灰，影作仿木门楼。门洞外置整块岩体凿成的封门石，高1.86米，宽1.12米，厚0.22米。

甬道呈长方形，高1.65米，宽1.3米，进深1.2米。地面铺方砖，壁面抹白灰，大多脱落。甬道内砌一重封门砖墙。

一号墓穹窿顶花卉纹

一号墓穹窿顶火珠纹

墓室呈方形，进深4.45米，宽4.9米，高3.8米。顶部叠涩圆收，正中盖内径1.65米的封顶石。地面铺方砖，四壁及顶部抹白灰面，上作壁画。

石房为长方形，贴墓室后壁而建，用整块石板组装而成，顶部正面平齐，侧边出沿，南北宽2.97米，东西长3.2米，高2.18米。外表抹白灰作画。门与甬道相

一号墓石房内东壁降真图

对，门脸内凹，两侧有门柱、立颊，底部有门槛、门墩，上额与门额相连，外凸，两侧雕饰门簪。对开两扇带锁石门。石房内宽2.46米，进深2.7米，高1.96米。内部贴西壁用花纹砖砌筑尸床。尸床长2.45米，宽1.15米，残高0.06米。尸床上有一成年女性遗骸，已扰乱，头向可能朝北。从墓内残存木构件推断，该墓葬原有彩绘木雕小帐。石房四壁及顶部磨光作画。

石房顶部四角有彩绘石雕方柱，用于支撑墓室顶部。石房转角两侧与墓室立壁间横架4根石过梁，在正面两侧过梁下各设一门，将墓室与石房的空间分隔开，与一号墓相较，石房后回廊消失了，其他基本相似。

该墓葬因多次盗掘，几未发现随葬品，只在贴墓道南壁距墓门1.2米、深6.3米处发现石碑一通。石碑通体不甚平整，碑首为半圆形，碑身近长方形，长0.95米，宽0.45米，厚0.2米。碑身一面墨书

一号墓石房内西壁高逸图

一号墓石房内北壁厅堂图

一号墓石房外南壁男吏图

契丹小字，计3行9字。

虽然一、二号墓葬经多次盗掘，随葬品所剩无几，但最珍贵的是在两座墓葬内留下了大量工艺精湛、精美绝伦的壁画，以及纪年墨书题记和契丹小字碑。

一号墓内壁画主要绘于墓室及石房内外，大多保存较好，总面积近100平方米。

墓室内壁画按空间分布可分为下、中、上三层。阑额以下立壁上的壁画为下层，画面人物高1.6米左右，主要描绘生活场景。下层壁画按墓室内结构分为“前室”南壁、西“耳室”西壁、东“耳室”东壁、“回廊”北壁四部分。“前室”南壁为吏仆图，位于甬道口入口两侧，左绘一壮年男吏，右绘一女仆。西“耳室”西壁绘侍仆图，画面7人，一字排开。东“耳室”东壁绘牵马图，画面1人3

一号墓石房外南壁女仆图

一号墓厅堂图局部

马，北向侍立。“回廊”北壁绘宴桌、犬羊图。阑额至橑檐榑壁画为中层，甬道拱门顶部两侧对称绘卷云火珠纹，并彩绘8组仿木斗拱。穹窿顶部壁画为顶层，根据八角井式穹窿顶结构分为8组，南北两组对称，绘缠枝花卉纹，东西两组对称，绘卷云火珠纹，顶部正中绘团花纹。

石房壁画分内、外两部分，外部壁画有石门彩绘装饰图案、南壁侍仆图和东、西、北壁建筑影作。石门彩绘装饰图案主要为朱绘火焰纹、红彩绘木纹、墨绘宝相花纹。侍仆图位于石门两侧，东为一男侍，西为一女仆。东、西、北壁建筑影作主要绘彩柱、阑额、斗拱、橑檐榑等仿木建筑。内部壁画有南壁侍仆图、北壁厅堂图、西壁高逸图、东壁降真图、顶部云鹤图。南壁侍仆图东侧绘一男侍，西侧绘一女仆。北壁厅堂图主要表现厅堂

一号墓西侧室西壁侍仆图局部

二号墓石房内南壁寄锦图

二号墓寄锦图局部

二号墓寄锦图局部

二号墓寄锦图局部

二号墓石房正面

二号墓石房门额

二号墓石房顶部立柱

内的布置，绘有地毯、几案、盘、筷、碗、盏、座椅、拂尘、箭囊、弓箭、宝剑、鸣镝等。西壁高逸图5人围坐，2随童侍立，周围树木环生。东壁降真图绘5人，为汉武帝谒见西王母的情景。顶部云鹤图中间绘团花，外围是展翅飞翔、首尾相逐的4只仙鹤，鹤间4朵云纹，边角绘云朵。

除壁画外，还在西壁高逸图左上角发现墨书题记，竖写5行33字：“天赞二年癸岁大少君次子勤德年十四五月廿日亡当年八月十一日于此殡故记。”

二号墓壁画主要为墓室和石房内外壁画，原绘60平方米左右，现存30平方米左右，以石房内壁画最为精湛。

墓室壁画有的绘于立壁底层，包括“前室”和南、北“耳室”三部分，大都脱落，只残存顶部影作阑额。在脱落的残片中有人物局部画面，描绘的是生活场景。有的壁画绘于叠涩顶部，四角至墓顶绘一道红彩，封顶石绘团花纹。

石房壁画分内、外两部分，外表壁画有石门装饰图、东壁侍从图及南、北壁建筑影作等。石门施红彩，寓为“朱门”。门扇打墨线，上方楷书“朱门”、“永固”四字，字口贴金。门额顶部绘莲花火珠纹。东壁侍从图绘于石门南、北两侧，均为一男性侍从。南、北壁顶部绘红彩阑额，转角处绘立柱。另外，在北壁还发现三人立像彩绘。内部壁画有东壁仆佣图、西壁牡丹图、南壁寄锦图、北壁诵经图、顶部花卉图。东壁石门内侧施红彩，南、北两侧各绘一女仆。西壁牡丹图以枝繁叶茂的牡丹为中心，上角绘蝴蝶、蜻蜓、飞鸟等。南壁寄锦图画面以交错排开的7人为中心，背景绘树市，左上角墨书诗一首：“口口征辽岁月深，苏娘憔[悴]口难任。丁宁织寄迴[纹][锦]，表妾平生缱绻心。”绵绵情意，跃然画外。北壁诵经图中

二号墓石房内顶部花卉

二号墓石房内东壁石门北侧仆佣图

心人物为1个诵经贵妇，贵妇前侧并立4人，2人为男侍，2人为女仆。男侍头戴黑色展脚幞头，表情谦和。女仆一着红袍，一着浅色袍，向贵妇拱手恭立。贵妇身后侍立2女，一持扇，一捧净盆，神情也甚恭谨。贵妇云鬟高挽，正面上下对插两把发梳，佩金钗。弯眉细目，面如满月。红色抹胸，外罩红地毬路纹宽袖袍，端坐于高背椅上，面前置红框蓝面条案，上有展开的经卷，案左置高足金托盏，右侧立一鹦鹉，羽毛洁白，勾喙点红。案、椅下铺团花地毯，红边蓝地。贵妇仪态典雅贤淑，左手持拂尘，右手轻托经卷，俯首吟读，虔诚之态跃然画上。画面左下方有太湖石，背景绘棕榈、柳树、竹林等。画面右上角墨书诗一首："雪衣丹觜陇山禽，每受宫闱指教深，不向人前出凡语，声声皆[是]念经音。"有学者根据唐代广泛流传的"雪衣娘"传说、"陇山禽"以及壁画相关内容考证，认为此壁画为《杨贵妃教鹦鹉图》。顶部花卉图为在红地上中间绘大团花纹，四角对称绘小的花卉。

宝山辽墓是目前内蒙古地区发现最早的有明确纪年的辽代契丹贵族墓葬。根据一号墓题记，墓主人名“勤德”，年仅十四岁，系“大少君”次子，下葬于辽太祖天赞二年（923年）。二号墓墓主人为成年女性，可能为一号墓墓主“大少君”次子德勤的长辈，即“大少君”夫人之一，下葬时间略晚于一号墓墓主，约在天赞二年(923年)之后不久。一、二号墓壁画采用红、黑、黄、白、蓝、粉、绿等各种颜色，并广泛运用描金。画面内容十分丰富，每幅壁画都各不相同，包括生活、宗教、建筑、园林、家具、陈设、服饰

二号墓石房外石门北侧男侍图

二号墓石房外北壁女仆图

二号墓石房内北壁诵经图

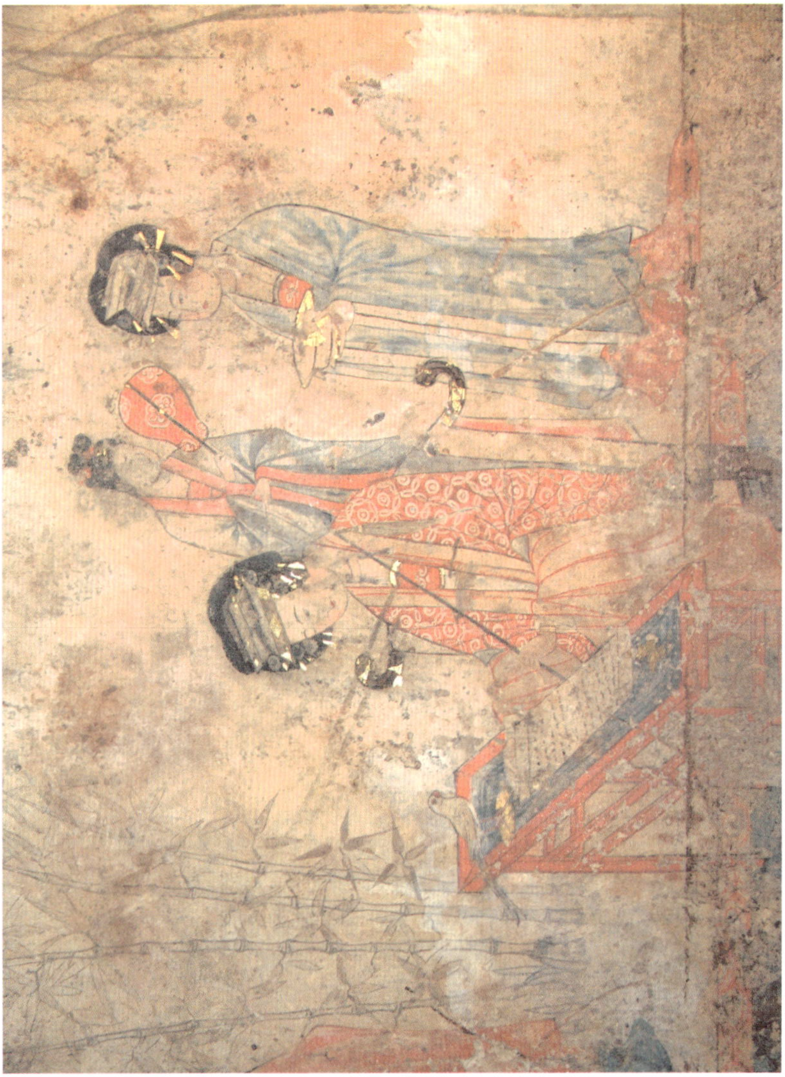

二号墓诵经图局部

二号墓诵经图局部

二号墓诵经图局部

二号墓诵经图局部

二号墓诵经图墨书题记

等诸多方面，写实性强，基本反映了墓主人生前的生活场景及爱好，具有鲜明的时代特点。画面或写实，或渲染，着色艳丽，技法高超，集浑厚与细腻、素雅与浓艳、写实与夸张于一体，既保留了典型的唐代绘画艺术风格，又反映出五代时期的新变化，系统地展现了辽代社会早期高超的绘画水准及艺术成就，对揭示辽初社会面貌、探讨晚唐和五代时期绘画艺术以及晚唐以后中国绘画艺术的发展具有重要的意义，也为研究辽代早期丧葬习俗、社会生活、建筑特点等相关领域提供了大量珍贵资料。鉴此，该墓的考古发掘被评为“1994年全国十大考古新发现”。

参考资料：

本文资料由齐晓光、梁京明先生提供，并参考内蒙古文物考古研究所、阿鲁科尔沁旗文物管理所《内蒙古赤峰宝山辽壁画墓发掘简报》，《文物》1998 年第 1 期。

风棺疑云——吐尔基山辽墓

FENGGUANYIYUNTUERJISHANLIAOMU

墓葬外景

吐尔基山辽墓，位于内蒙古通辽市科尔沁左翼后旗毛道吐苏市大吐尔基山东南麓的山坡上，西北距通辽市约50公里，南距吐尔基山水库行政村约1公里，西北为采石矿。地理坐标为东经

122° 52′ 13″，北纬43° 38′ 38″。这里是辽河平原西端、科尔沁草原的一部分，在这广阔平坦的草原上突兀隆起了一座孤零零的石山。山高不过百米，占地多不超过数平方公里。因山型酷似一个牛犊子趴在那里，当地蒙古族牧民取名“吐尔基山”，意思为“牛犊

墓道与墓室

墓葬封门

子山”。山虽不高，却很有名气。这里清代归属科尔沁左翼中旗，科左中旗是孝庄文皇后的故里，也是嘎达梅林为保护草原起义的地方。吐尔基山是该旗“七星北斗”的七座山之一，也称“七驾王公山”之一。

对吐尔基山，人们一直给予深深的赞美。在科尔沁草原，就有一首年代久远、名气很大、流传甚广的科尔沁民歌《吐尔基山》，从西、东、南、北四个方向来赞美它。歌中唱道：

从西侧仰望，险要美丽的吐尔基山！
虎豹猛兽，适宜栖息的吐尔基山！
从东侧遥望，风光秀丽的吐尔基山！
百花异草，争艳怒放的吐尔基山！
从南侧眺望，奇妙美丽的吐尔基山！
飞禽走兽，适宜栖居的吐尔基山！
从北侧翘望，格外美丽的吐尔基山！
金凤鸾鸟，适宜巢居的吐尔基山！
为父老先辈的故土，成为依靠的吐尔基山！
为兴旺的马牛羊群，成为屏障的吐尔基山！

可见吐尔基山俨然成为当地牧民的圣山。

出土的八曲人物纹金杯

主室局部

主室内的马具支架

彩棺出土情况

2002年夏，吐尔基山上的采石矿工人用推土机挖坑道，在坑道东侧发现了一个三米多宽的石堆，因石块是青石，看上去和山上的石块一模一样，没有什么特别之处，所以并未引起注意。2003年春，采石矿照常炸山取石。3月8日，当工人们在坑道东壁残存的“乱石堆”上取石时，突然发现有淡红色的石块，这种石块不是吐尔基山上常见的，并有人工摆放痕迹，石块与石块之间有黑色胶泥，还有的石块上用墨汁画着符号。自此吐尔基山发现“东西”的消息不胫而走，并引来许多“挖宝人”。3月10日上午，采石矿矿长感觉事情重大，遂向公安部门报告。当天下午，通辽市博物馆工作人员和市公安局干警一同到达现场。经现场初步勘察，这是一座辽代墓葬：墓道长30米以上，埋藏深度10余米；墓室西墙暴露红色沙岩石条，石条间用黑色胶泥粘合；天井部分石墙暴露在外，堆积凌乱；墓道西壁北侧仅存

彩绘木棺、棺床

外棺彩绘

少部分，与石墙相接，南面的大部分已被推土机挖掉；墓道中有填土。3月11日下午，通辽市文物部门及相关单位对墓葬进行抢救性清理，七日后内蒙古自治区文物考古研究所派人员赶赴现场，工作人员对墓道进行了钻探，制定了具体发掘方案。3月20日，墓葬开始正式发掘。经过两个多月的考古发掘，整个墓葬清理完毕。由于棺保存十分完好，考古现场不具备基本的保护条件，棺被整体搬迁至内蒙古自治区文物考古研究所。6月12日，在中国国家博物馆、中国文物研究所五名专家的指导参与下，考古研究所及相关专家将棺打开继续进行清理，6月14日结束。至此一座契丹早期贵族墓葬终得重见天日，并十分震撼地展示在世人面前。

吐尔基山辽墓为石室墓，由墓道、墓门、甬道、主室及左右耳室组成，方向115°。墓道为斜坡墓道，长48米。两壁用打磨过的石块垒砌，残高约11米。石块间用黑胶泥粘合，外侧亦抹有黑胶泥。

尸体覆盖物

靠近墓门部分抹有白灰面，北壁及墓门上方有壁画，均采用白描手法，用黑线勾勒出猛兽形象。南壁亦有绘制壁画迹象，但由于破坏严重只存部分痕迹。墓道内堆积有大量石块，并发现有盗洞一个。

出土的贴银漆盒

靠近墓门处有石块垒砌的封门石墙。墓门为长方形，由一扇石门封堵。石门由整块巨石凿成，高2.06米，宽1.5米，厚0.45~0.5米。由于体量非常大，无法用机

器物出土情况

器物出土情况

出土的针线包

械设备移走，给发掘工作带来很大难度。最后由20多个人用绳子将石门拉倒并拖出墓道。墓门与墓室之间由甬道连接。石门打开后，甬道内有半米多厚的淤泥。甬道中间有一道木门，两扇对开。每扇木门上各有上、中、下三排整齐的铜鎏金泡钉，每排6个。中间一排泡钉上侧中部有一对铁铺首，上有铁锁一把。木门前地上散落有大量铜铃、铜泡等构件。甬道长2米，宽1.38米，高1.5米。

出土的盾形嵌绿松石金戒指

出土的金嵌墨玉松石耳坠

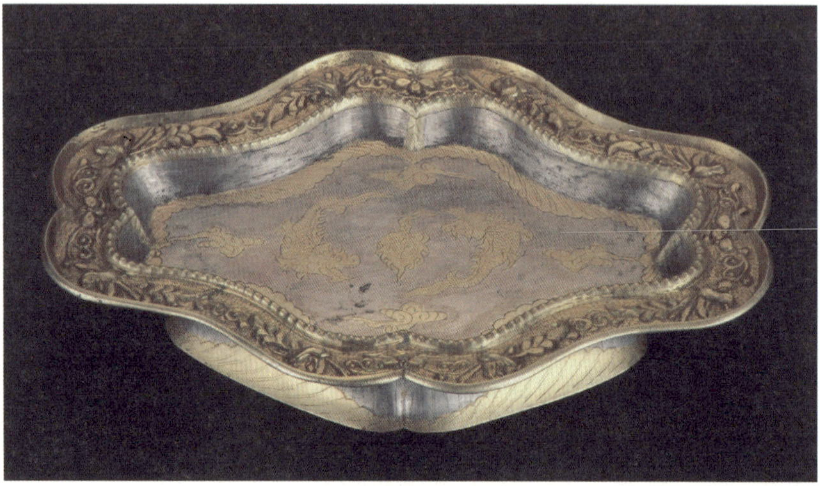

出土的金花银盘

主室近于正方形，长3.92米，宽3.7米，高3.36米。叠涩顶，从距墓室地面约1.6米处开始叠涩起顶。墓室内充满淤泥，厚约1.2米，达39层之多。墓室四壁抹有白灰，并有壁画，红、黑两色。由于墓室为石块垒砌，且多次进水，壁画绝大部分已经脱落至地面上，在主室

出土的金花双鱼纹银盒

墓主人复原像

清理过程中时有发现。只有在藻井及墓门上方残存极少部分壁画。藻井内径1.78米，上面绘有太阳及月亮图案。太阳为红色，中间用黑色绘一只飞鸟（应为三足乌，象征太阳）；月亮轮廓用墨线勾勒，中间绘一桂树及玉兔。藻井中心原镶嵌铜镜，清理主室时在地面上发现脱落铜镜。耳室位于墓室的前部，呈长方形。左耳室长1.36

出土的摩羯纹金耳坠

出土的玛瑙璎珞

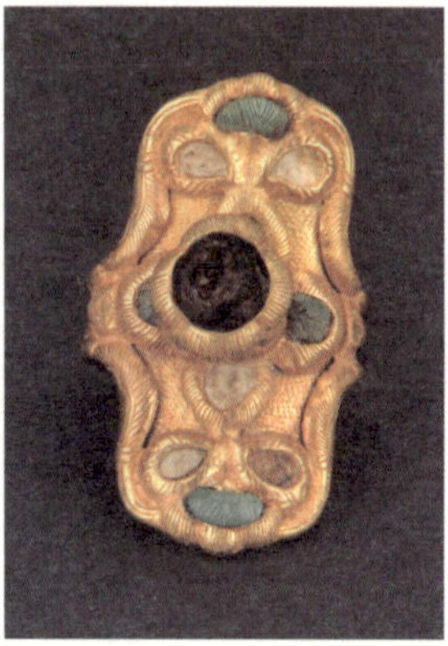

出土的嵌宝石花形金戒指

米，宽0.9米，高0.98米；右耳室长1.3米，宽0.86米，高0.99米。左右耳室均有木门，两扇对开。每扇木门上各有上、中、下三排整齐的铜鎏金泡钉，每排3个。整个墓室内淤积1米左右的淤泥。

葬具位于主室内，靠近墓室墙壁摆放，有卯榫结构的柏木外棺、内棺及棺床。外棺长2.31米，宽1.3米，高1.05米，棺板厚约10厘米。彩绘，以红、黑两色为主色，外表雕刻有仙鹤、凤、缠枝牡丹、祥云等图案，其中仙鹤、凤以及部分牡丹花叶为贴金。棺体上有大

出土的双龙纹金手镯

量铜鎏金泡钉，两侧各有三个大的铜鎏金衔环兽首，四周悬挂大量鎏金铜铃。在棺盖顶部还有三个葫芦形铜鎏金饰件，下面有铜鎏金花瓣纹圆座。棺首有一个小门，门上有铜锁，锁上悬挂钥匙。门两侧为窗户。在门、窗之间各站立一位男性侍者。侍者面部丰满，身穿传统契丹赭色长袍，长袍上有贴金团花或禽鸟图案，手持骨朵，面向小门而立。外棺内有内棺，棺盖正面有三个贴金团龙纹图案，棺两侧各有一对贴金飞凤图案，

出土的摩羯纹金花银盘

摩羯纹金花银盘局部

出土的鎏金银牌饰

出土的六曲菱花圆形包银贴花漆盒

神态生动。内外棺之间夹有丝织品。棺床为须弥座式，外表彩绘，长2.56米，宽1.48米，通高1.07米。共8层，上部有栏杆，首部开门。栏杆上装饰有6只蹲坐的铜鎏金狮子，棺首4只，棺尾2只。栏杆下装饰有上下两排铜铃。棺床外面中间有6组贴金对凤纹，凤对首展翅飞翔，周边饰有云纹图案，有的对凤中间饰火珠纹。棺床首部有

出土的鎏金银盘

出土的鎏金錾花扳耳银壶

出土的鎏金铜铎

通往地面的“天梯”，与外棺首门相对。

墓葬内出土了大量珍贵遗物，这些遗物主要出土在主室内，其次是内棺中，有金器、银器、铜器、漆器、木器、铁器、马具、丝织品，以及玳瑁器、玛瑙器、水晶器、玻璃器等。出土器物中乐器类或与乐舞有关的占有较大比例。左耳室出土了一些瓷器、银器和漆器，右耳室只出土了一些烧骨和一铁柄银铛。

金器有杯、戒指、耳坠、牌饰、手镯、针等，银器有盒、壶、牌饰、带饰、盖碗、盘、盆、筷子、匙、号角、铛等，铜器有铎、铃、铜泡、铜镜等，木器有彩棺、枕、垫肩等，漆器有案、盒等，马具有笼头、缨络、鞍、马镫、盘胸、后鞧、配饰等，瓷器有罐、碗等。另外，还有玳瑁勺，玛瑙骨朵、手链，水晶饰件，玻璃杯，铁刀等。金银器多采用锤碟、錾刻、镶嵌等工艺，银器、铜器多鎏金。这

出土的金花人物纹银提梁壶

些遗物制作精美，工艺十分考究，堪称精品。

出土的高足玻璃杯

根据墓葬出土人骨的骨盆判断，墓主人为女性。通过三维数字技术复原墓主人头像发现，该女性脸颊较长，额部稍短且向后倾斜，眼睛小而细长，鼻根低矮，嘴唇比较薄，两个颧骨明显向前突出。经过对头骨、牙齿、椎骨、齿骨联合面和肢骨的分析，墓主人属于北亚蒙古人种，身高约159厘米，年龄在30～35岁之间。

根据墓葬形制及出土遗物分析，该墓葬年代为辽代早期,是目前内蒙古地区发现的年代最早的契丹贵族墓葬之一。由于墓葬内没有出土墓志，所以世人对墓主人的身份说法不一。有学者认为墓主人很可能是当过奥姑的辽太祖公主质古，有学者认为是大名鼎鼎的契丹建国太巫神速姑……谁对谁错，尚无定论。但有一点是学界公认的：从墓主人随葬的华丽服饰、描金彩绘漆棺、大量金银器和珍贵玻璃器皿等可以看出，墓主人是一位身份极高贵的契丹族女性。根据墓内随葬的许多铜铃、银号角、墓主人头部戴的金箍，以及在其肩部发现的日月

出土的铜镜

出土的双狮纹鎏金银盒

金银牌饰等分析，墓主人又可能是一位女萨满。当她为世人展示辽文化璀璨绚烂、博大精深内涵的同时，也为人们留下了诸多疑云及无限遐想和些许扼腕的空间。

吐尔基山辽墓是我区继陈国公主墓、耶律羽之墓以后又一次重大考古发现，也是我国契丹考古

出土的龙纹金花银盒

的重大发现，它见证了雄踞北方的契丹人所创造的灿烂文明和历史，对研究辽代的政治、经济、文化、服饰、艺术、风俗习惯、宗教信仰以及丧葬习俗等都有十分重要的意义。特别是墓中出土的彩棺堪称文物珍品，在内蒙古

出土的银鎏金嵌宝石漆盒

银鎏金嵌宝石漆盒盖内部图案

尚属首次发现。它集绘画、贴金、木雕、铸铜、木作、彩漆等多种工艺为一体，组合成为大小两具彩棺，其内容包括契丹人的文化、宗教、音乐、艺术等许多方面，展示了辽代鲜为人知的社会面貌。该墓葬的考古发掘被评为“2003年度全国十大考古新发现”之一。

参考资料：

本文资料由塔拉、张亚强先生提供，并参考内蒙古文物考古研究所《内蒙古通辽市吐尔基山辽代墓葬》，《考古》2004 年第 7 期；冯恩学《吐尔基山辽墓墓主身份解读》，《民族研究》2006 年 3 期。

鸾凤和鸣
——陈国公主与驸马合葬墓

LUANFENGHEMINGCHENGUOGONGZHUYUFUMA
HEZANGMU

公主与驸马合葬墓

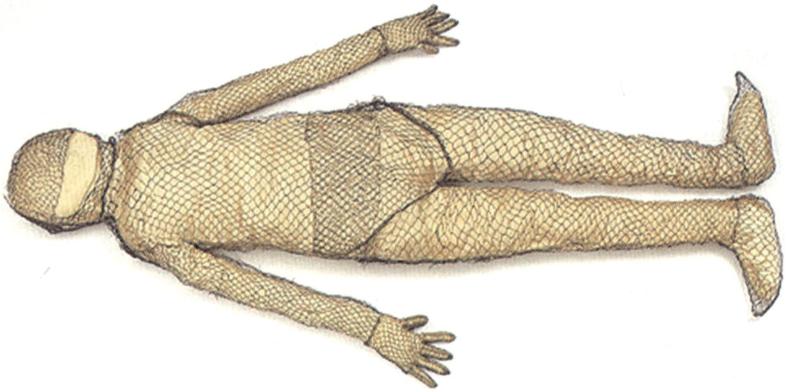
墓主人身穿的银丝网络

陈国公主与驸马合葬墓位于通辽市奈曼旗青龙山镇东北10公里斯布格图村西的山南坡上，此山是青龙山东北的一支余脉，当地人称庙子山。庙子山从北向东西两侧呈斜坡状向南延伸，刚好将此墓地环抱，是“怀中抱月”的风水宝地。墓地前方向东南数公里处呈扇面形逐级减低，由缓坡形成广袤的平川。这里地处辽西山地北缘的浅山丘陵地带，向北5公里进入辽西山地与科尔沁沙地过渡的黄土台地。层山叠翠，泉水清幽，林木繁茂，鸟语花香。经初步勘察，墓葬外有陵园，内有墓葬两座，当为驸马萧绍矩家族墓地。在墓地东侧百余米处，有一处辽代建筑遗迹，面积约2500平方米，地表散布有辽代砖、瓦等遗物，有些地方暴露有砖、石墙基，可能是祭祀陈国公主和驸马的享堂。

1983年夏，在陈国公主与驸马合葬墓北311米处发现一座辽代单砖室壁画墓，因该墓早期被盗，只出土铜钉1枚，残存侍从牵马图彩绘壁画局部，编号M1。1985年6月初，在斯布格图村西北兴建水库过程中发现两座墓葬，通辽市各级文化部门十分重视，立即采取保护措施并上报自治区文化厅。自治区文化厅随即派内蒙古自治区文物考古研究所组织业务人员赶往现场进行调查。1986年6月6日，内蒙古自

出土的金盏托

治区文物考古研究所、通辽市博物馆（原称哲里木盟博物馆）、奈曼旗王府博物馆联合对墓葬进行发掘，两座墓葬编号M2和M3。发掘工作于8月9日结束，历时65天。M2位于M3东南10米处，形制与M3相同，被盗严重。M3即为陈国公主与驸马合葬墓。

陈国公主与驸马合葬墓是多室壁画墓，墓全长16.4米。由墓道、天井、墓门、前室、东耳室、西耳室和后室7个部分组成。方向136°。墓葬原有3.5米左右的封土堆，因取土所剩很少，几乎露出墓门顶部。

墓道为斜坡阶梯式，残长7.6米，倾斜度为15° 。口部为斜坡，向里自上而下有16级生土台阶。台阶高10～15厘米，宽30～40厘米。墓道两壁上宽下窄，口部顶宽1.7米，底宽1.3米，接近天井处顶宽2.47米，底宽1.55米，垂直高度4米。墓道两壁抹草拌泥，厚1～3厘

出土的银障泥

米。草拌泥上抹白灰，厚2～4厘米。表面抹光，并有彩绘壁画。墓道口向里1.5米的一段，两壁未抹白灰，亦无壁画。墓道内填土上部为花土，夹杂有粗砂石和碎石，越近底部碎石越多，并有较大石块和砖块。填土有夯打痕迹，较为坚硬。

天井东西略呈长方形，上宽下窄，呈漏斗状，前接墓道，后通墓门。天井南北长0.95米，东西宽4.2米。天井底部平坦，平铺一层条砖。距地表深4米。天井的东壁略呈弧形，未加整修，而其它各壁均接近垂直。天井各壁壁面均抹白灰。天井内砌三重封门砖。

出土的嵌银马具

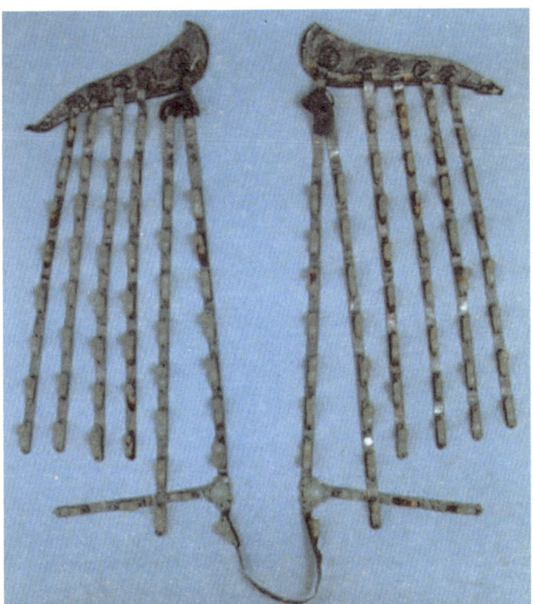

出土的嵌银马具

墓门砖砌，呈拱形，宽1.93米，高2.65米。门上部砌成仿木结构的屋檐建筑，通高4.42米。屋檐正面采用砖雕及影作手法构筑。墓门两侧影作立颊，门额左右两侧各绘有彩色牡丹花图案，牡丹花图案以上，雕砌花边形门簪2个，上涂橘黄色。墓门两侧有砖砌凸出的倚柱，上

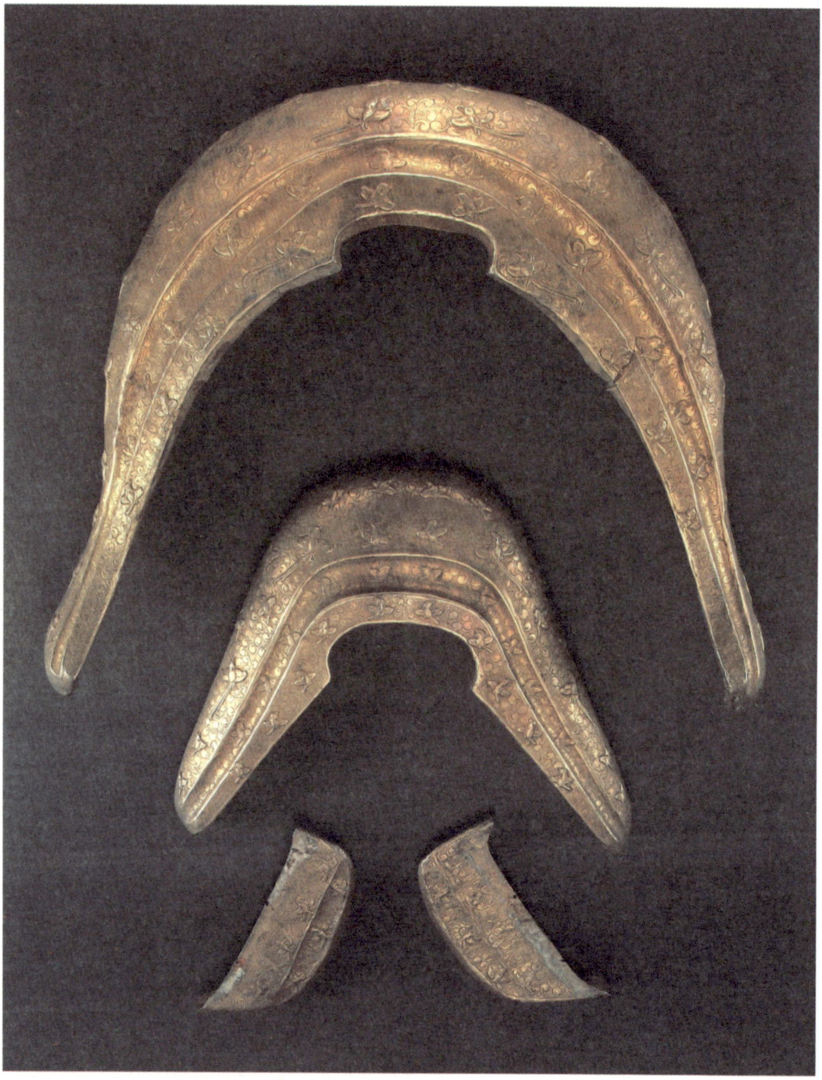

出土的鎏金银鞍饰

出土的嵌银马具

承柱头斗栱。门额上方影作阑额、普柏枋。其上柱头斗拱间有补间铺作雕彩斗拱1朵。斗栱上托橑檐榑，其上为截面呈圆形的檐椽和方形的飞檐椽。椽头上铺18垄板瓦，板瓦上铺17垄筒瓦，瓦当正面饰弦纹，弦纹内饰四角星或五角星。筒瓦之上是正脊，侧平砌三层砖，其上扣筒瓦一层，以白灰粘合勾缝。在墓门门楣上镶嵌4厘米厚的半圆形木门额，表面抹白灰，上绘牡丹图案。在门洞进深0.14米处装有木门框，高2.09米；上装半月形木门楣，边长1.86米；下设木门槛，高0.14米，长2.39米；内设对开木门。门框后东西两侧有两个槽穴，南北宽0.17米，东西长0.23米，槽内有朽木痕迹。门上钉有一对鎏金铜门鼻，鼻上悬挂鎏金铜锁一把。墓门立颊、门楣、斗拱、檐椽等影作仿木结构。

出土的玉砚

出土的玉水盂

前室呈长方形，券顶，南北长3.48米，东西宽1.92米，高2.65米。立壁在2.1米处开始叠涩起券。前室南端东西侧壁各

出土的玛瑙碗

砌有一个叠涩式顶的小龛。小龛高0.61米，宽0.4米，进深0.32米。两壁和券顶均抹白灰，上彩绘壁画。墓底用方砖错缝平铺。墓门内侧两边角各有一个长方形木门枢，现存凹槽。前室正中稍偏南放有墓志一

出土的金花银枕

方，并随葬大量生活用品，有瓷壶、鸡腿坛、瓷碗、瓷盘、银带、铜锁、铜钥匙、木围棋子、银盏托等，并发现羊头骨一堆。

东、西耳室建造于前室两侧，形制相同，平面呈圆形，券门，立壁从1.34米起券，叠涩穹窿顶。东耳室过道南北宽0.8米，东西进深0.87米，高1.53米；耳室直径1.58米，高2.43米。西耳室过道南北宽0.8米，东西进深0.84米，高1.53米；耳室直径1.62米，高2.3米。立壁及顶部抹白灰，过道底部和室内地面用条砖错缝平铺。两个耳室门洞两侧安有门框，并有门板，券门有半圆形木门楣，底宽0.8米，高0.22米。内外抹白灰。门框和门板均已腐朽，

出土的阳燧

出土的鎏金银靴

从残留的门板形状看，耳室门应为单扇门。东耳室随葬大量饮食器皿，有瓷碗、瓷盖罐、玛瑙盅、水晶杯、银壶、银盏托等，多因进水而漂浮至耳室过道内。西耳室随葬马具、瓷盆、市鸣嘀、仪卫市杆等。

后室平面呈圆形，立壁自2.1米处起券，叠涩穹窿顶，顶部留有直径0.6米的九边形孔，中部用一圆锥体巨石封堵，白灰灌封。后室直径4.38米，高3.97米。地面先铺垫一层厚约10厘米的砂砾，夯实后用方砖错缝平铺。门与前室门形制相同，宽1.93米，高2.1米。门扇对

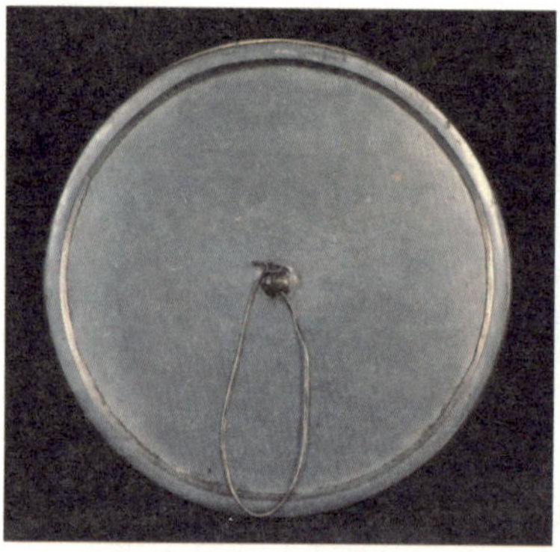

出土的铜镜

出土的青瓷碗

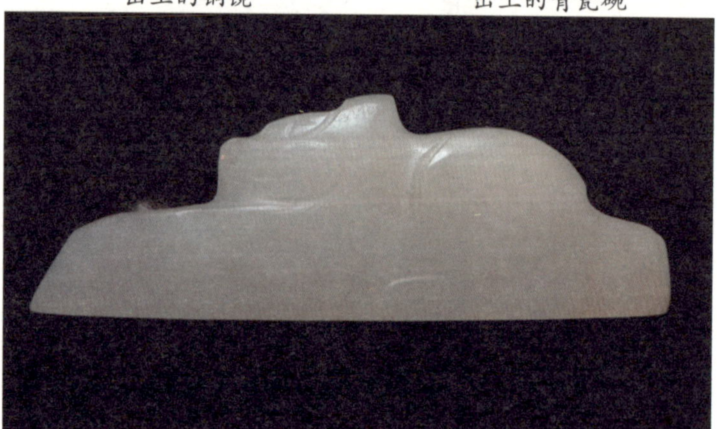

出土的玉马具残件

出土的金花银奁

金花银奁盖顶部图案

开，有铜锁。门楣上部装有半月形木门楣。门框上钉有鎏金铜合页，以连接门扇。门框上还残存门板一块，上下用两个鎏金铜合页连接，合页上各用12个鎏金铜泡钉固定于门框和门板上。紧贴砖壁有木护壁，从墓壁底部直达墓顶。木护壁下部用弧形的方木层层垒砌，每根方木长1.15米，宽0.12～0.13米，厚约0.15米。榫卯结构连接。后室门内正中有4块长木铺成的脚踏，略向右倾斜。后室内随葬有玻璃瓶、玻璃杯、玻璃盘、玛瑙碗、玉砚台、玉水盂、瓷盒、金花银钵、鎏金银

金花银奁凤纹

出土的金针筒

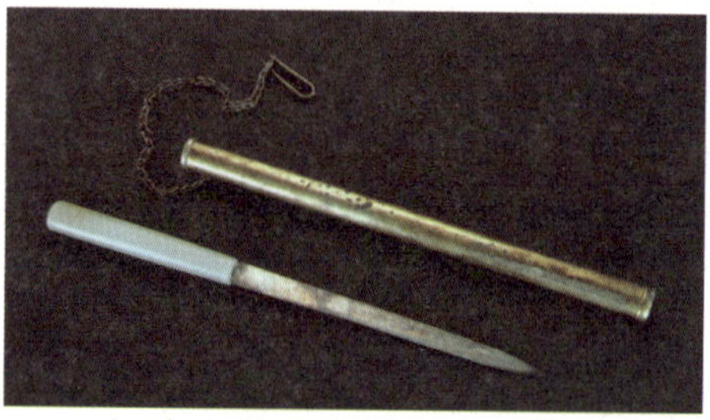
出土的玉柄银刀及刀鞘

出土的玉柄银锥及锥鞘

匙、银銙、银唾盂、银盖罐、银托盘、木鸡冠壶、木俑、木弓、木弓囊、水晶串珠、蹀躞带、錾花铜盆、铜镜等。

后室内紧靠后壁有尸床，用条砖横平错缝垒砌5层，正面长2.6米，最宽处1.47米，高0.36米，后边紧贴木护壁砌成弧形，侧面和平面上均用白灰抹平，左右侧壁上砌有桃形小龛。正面左右侧壁及小龛内有彩绘图案。尸床上仰面放置公主和驸马的遗骸，身上所穿丝织衣物已腐朽，但原穿戴的金、银制品及佩戴的各种饰件仍留存于原位。

尸床上铺柏木铺板，铺板用薄木板拼接而成。铺板上铺褐紫色织金褥垫。尸床北侧横置长2.39米、宽0.15米、厚0.1的木板，上面并排凿有7个间距相等的长方形榫眼。木板附近和尸床边沿散落着一些不同形制的银构件。根据木板上榫眼的数目和位置，以及银构件散落的部位和数目推测，尸床上原来可能装有木框架，木板应是框架的底座，其上原有7个支柱，作为框架的后部，前沿两侧有支柱两个，构成一幢尸床上的帷幔式床罩。在尸床东部还发现一些丝织品。在尸

出土的玻璃把杯

床和供台周围，发现有大量的银流苏，可见尸床上当时还悬挂有帷幔。

公主与驸马的遗骸头东脚西，仰身直肢，直接放置在铺板上。骨骸和丝织品都已腐烂，只存头骨和少量牙齿。所有服饰等物均保持原来位置。公主和驸马头枕银枕，头戴鎏金银冠，面覆金面具，身罩银丝网络，足着银靴，胸佩琥珀瓔珞，束带。

出土的木质鸡冠壶

出土的刻花玻璃瓶

出土的鸿雁形琥珀饰件

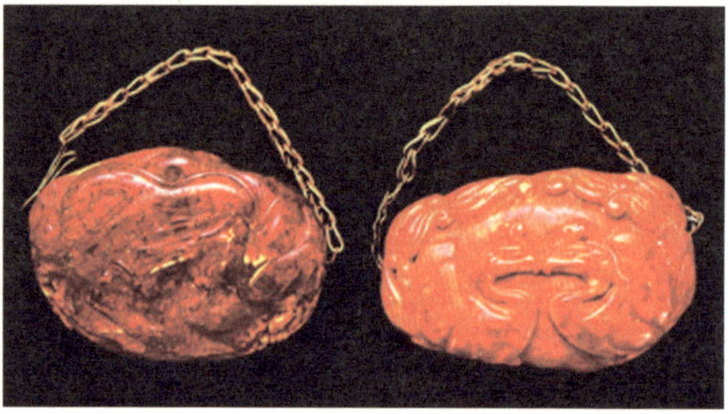

出土的琥珀握手

在尸床的东北角有一大卷丝织品。公主头戴珍珠琥珀头饰，颈戴琥珀珍珠项链，手腕各戴一对金镯，每个手指各戴一枚金戒指，身佩金荷包、金针筒、铁刀，以及各种玉佩和琥珀佩。驸马腰束金銙银鞓蹀躞带，带上挂银刀、银锥，另有一些琥珀饰件等。根据衣冠服饰和面具特征以及身上所系物品特征分析，南部外侧是公主，北部内侧是驸马。公主紧挨着驸马，右臂压在驸马的左臂之上，说明驸马葬于前，公主祔葬于后。

尸床前沿连接长方形供台，用条砖横平错缝垒砌7层，略高于尸床，长1.54米，宽0.71米，高0.53米。在正面和左右侧壁面上也砌有桃形小龛。小龛及壁面有彩绘装饰。供台上有银盖罐、银器盖、鎏金银流苏等物品。

陈国公主与驸马合葬墓出土了大量精美绝伦、品类丰富的随葬

出土的胡人驯狮琥珀佩饰

出土的高翅鎏金银冠

品，计3227件44组（副），有金、银、铜、铁、瓷、玻璃、玉、玛瑙、水晶、琥珀等各种质地。金器31件，有面具、八曲连弧形盒、镂花荷包、錾花针筒、镂孔小金球、小金筒等。这些金器含金量达95%以上，多为锤碟、錾刻而成，有龙、鸳鸯、仙鹤、花草以及水波纹等纹饰，制作精巧，技艺娴熟，造型美观。银器147件，有银丝网络、鎏金银冠、錾花靴、錾花枕、金花银奁、金花银钵、托盘、盏托、执壶、唾盂、盖罐、匙、构件、流苏等。多为锤碟、錾刻而成。以素面为主，少数为金花银器，錾刻龙、凤、牡丹、莲花、缠枝忍冬纹等。工艺精湛，线条娴熟流畅。铜器50件，有錾花盆、花口錾花盘、铜镜、铜阳燧、鎏金铜锁、鎏金铜钥匙、鎏金铜合页、鎏金铜泡钉等，纹饰有联珠纹、缠枝卷叶纹、几何形花纹等。铁器只有琥珀柄铁刀和琥珀柄铁刃器2件。瓷器30件，均为生活用具，器形有绿釉长颈盖壶、茶绿釉鸡腿坛、绿釉罐、白瓷盖罐、瓷盒、白瓷碗、青瓷碗、青瓷盘等。玻璃器7件，都是生活用具，器形有瓶、杯、盘，当时极其名贵，是从西域进口的产品。玉器3件，为砚、水盂等文房用品。玛瑙器3件，为碗、盅等。水晶器4件，有耳杯、系链水晶杯等。木器89件，有鸡冠壶、弓、弓囊、鸣镝、围棋子、俑等。同时还出土形制各异、做工考究的金銙银鞓蹀躞带、银銙银鞓蹀躞带、铜銙银鞓蹀躞带、玉銙丝鞓蹀躞带、玉銙银带、金銙丝带和银带，以及玉佩44件、琥珀佩2101件

出土的鎏金银冠

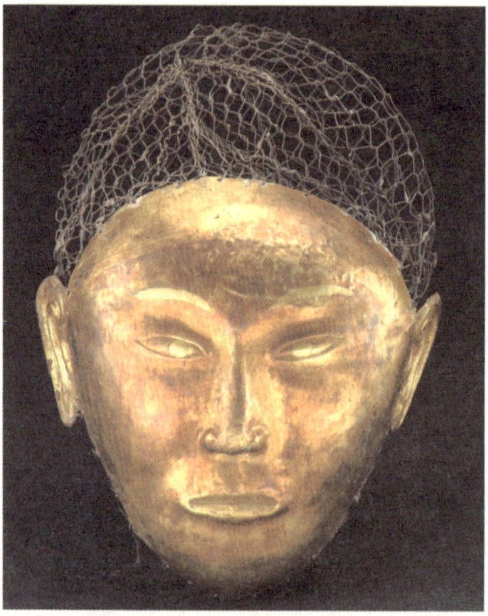

出土的鎏金银面具

（11组）、玛瑙饰件14件（3组）、水晶串珠152颗、马具2套。陈国公主与驸马合葬墓随葬品多用贵重材料制作而成，仅用金就达1700余克，用银达1万余克，充分反映了契丹贵族的豪华奢侈和墓主人的显赫地位，以及辽代中期科尔沁草原政治、经济、文化等各方面的繁荣兴盛。

另外，墓葬还出土绿色砂岩制成的墓志一方，正方形，边长89.5厘米，通

出土的鎏金银面具

高28厘米。上盖下志，志盖上绘有十二生肖像、牡丹纹图案、缠枝草叶纹，中间篆刻“故陈国公主墓志铭”3行8字。志文楷书27行513字。书法工整，刻工精细，字迹清晰，言简意赅，对仗工整。根据墓志记载，陈国公主乃景宗第二子秦晋国王耶律隆庆之女，正妃萧氏所生。初封太平公主，晋封为越国公主，追封陈国公主。公主卒于开泰七年（公元1018年）三月，年十八岁，于当年闰四月，祔葬于驸马萧绍矩“先太师之茔”。驸马都尉萧绍矩，仁德皇后之兄，泰宁军节度使、检校太师。泰宁军节度使一职，是其生前实任官衔，检校太师为死后追赠。

墓葬中还发现大量精美壁画。在墓道东、西两壁上，各绘侍从牵马图，两相对应。

出土的水晶耳杯

出土的系金链水晶杯

出土的玉佩

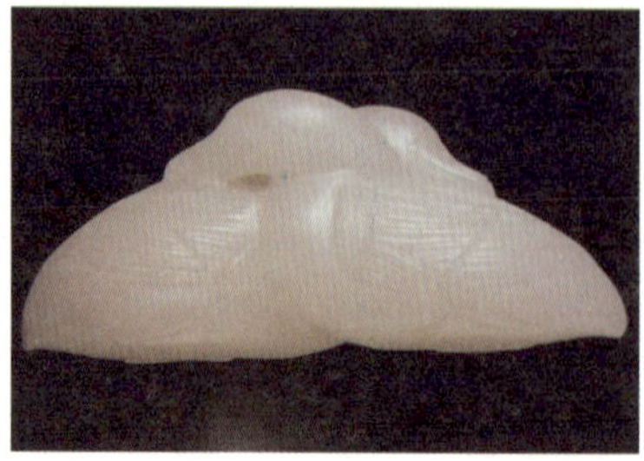

出土的交颈鸿雁玉佩

出土的双鱼玉佩

出土的交颈鸳鸯玉佩

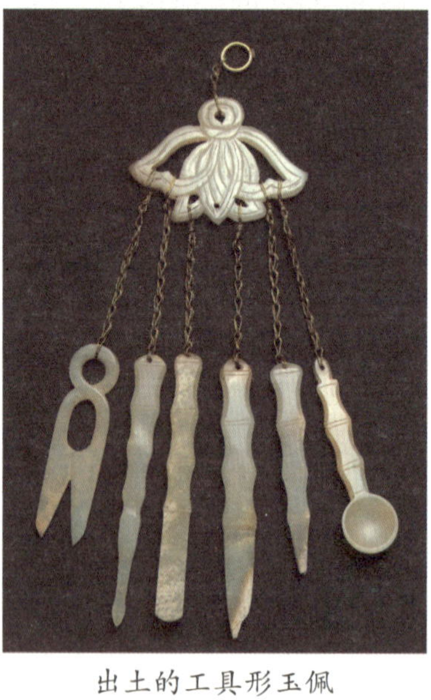

出土的工具形玉佩

人马都在廊庑之下，面朝墓外方向，作行走状。在牵马图的前后方，各彩绘祥云1朵，另还画有廊檐和明柱。人马的内侧，朱绘明柱4根。明柱上承柱头斗栱、栌斗，栌斗上承慢栱，慢栱上承齐心斗和散斗。斗栱上为替木和橑檐槫，再上为檐椽和滴水，上覆筒瓦，仰瓦作沟。各斗栱间有普柏枋。为免呆板枯涩，所绘木作部件如斗栱的颜色，往往变化各不相同，但很谐调。在前室东壁北端，绘有男、女仆役各1人，均面向主室。在男、女仆役的上

出土的玉臂鞲

出土的鱼形玉盒佩饰

出土的海螺形玉盒佩饰

方，彩绘祥云2朵。在前室东壁耳室及壁龛上方，以白描手法画1只翱翔的丹顶白鹤，与真鹤一般大小。线条粗细相间，双翼向下展开作扇面形，作飞翔姿态，都朝后室方向飞去。鹤的周围以彩色祥云作衬。

在前室西壁，耳室门北边，画侍卫2人，并排站立，面向主室。耳室及壁龛上方所绘白鹤及彩云两朵，同于东壁。在前室券顶上用深蓝色掺黑色绘出深沉的天空，满布白色星点，疏密错落，大小不等，使人有身置夜空之感。在前室东壁东南隅飞鹤的上方，画旭日一轮，日中画三足乌。在西壁西南隅的飞鹤上方画满月一轮，略小于日，月中绘有桂树一株，桂树下玉兔一只。

出土的八曲连弧形金盒

出土的镂空金荷包

陈国公主与驸马合葬墓是迄今为止保存最完整、规模最大、出土珍贵文物最多的辽代墓葬，堪称地下宝库，是辽代考古史上的重

出土的琥珀瓔珞

出土的琥珀珍珠耳坠

大发现，在辽代考古学研究方面具有极其重要意义。墓葬以木俑代替人殉，这是辽圣宗政治改革的一大进步，也是契丹族吸收其他民族先进文化、丰富自己民族文化的具体表现。墓葬中尸床上装有帷幔，契丹族本没有这种繁文缛节的丧葬仪式，墓中尸床上设置帷幔的，只有皇帝及契丹大贵族和高级官员才有如此设备。帷幔的设置，应是受汉族封建统治阶层丧葬制度的影响所致。在随葬品中出土6条腰带，保存基本完好，是目前所见到的辽代最为完整的腰带，上面系挂各种工具、饰物，而且形式多样，这些珍贵实物为研究契丹族的服饰史和生活习俗提供了极为重要的资料。墓中随葬的两套完整的马具，虽非实用之物，但形制大小与实用马具相同。此外还随葬有木弓、木弓囊、银刀、铁刀、刺鹅锥、玉臂鞲等畋猎工具和用物等，反映出契丹族特有的社会生活习俗。墓中出土的精细的青、白瓷器，来自西域和中亚、西亚的各种玻璃器皿，精雕细刻的金、玉、琥珀等各种佩饰等，不仅反映出契丹族传统的民族生活习俗，也证实了契丹族与西方诸国和邻近国家交往密切，不断吸收外来文化因素，创造出自己独特的民族文化。这些珍贵的实物为研究契丹族社会政治、经济、历史、生活习俗，与汉文化的交往关系以及中西文化的交流提供了重要资料。陈国公主与驸马合葬墓壁画，用简练概括的手法，以契丹族传统的写实画风，形象地再现了公主和驸马生前的部分日常生活情景。

陈国公主与驸马合葬墓是当年我国首次发现的、未经盗扰的辽代皇族墓，出土大小文物珍品3227件，黄色的金、白色的银、红色的琥珀、洁白的玉，琳琅满目的珍宝布满了墓室，是当时我国辽代考

出土的白瓷盒

出土的银盏托

出土的金带銙

出土的铜鎏银鞓蹀躞带

古史上最为空前的考古大发现，被西方媒体誉为解读神秘契丹文化的奇迹，被中国考古界评为“七五”期间全国重大考古新发现以及20世纪中国考古重大发现之一。

参考资料：

本文资料由孙建华先生提供，并参考内蒙古自治区文物考古研究所、哲里木盟博物馆《辽陈国公主墓》，文物出版社，1993年。

契丹第一都——辽上京遗址

QIDANDIYIDULIAOSHANGJINGYIZHI

辽上京遗址全景

辽上京遗址是契丹族营建最早、最为重要的辽代都城，是辽代的政治、经济、文化中心。遗址位于内蒙古巴林左旗林东镇东南，紧邻现代城镇。上京遗址是我国目前保存最好的古代都城之一。1961年，辽上京遗址被列为第一批全国重点文物保护单位。“十一五”

期间，辽上京遗址也被列入100处全国重点保护的大遗址之中。2012年，辽上京遗址入选“中国申报世界文化遗产预备名录”。

1962年，内蒙古文物工作队（内蒙古文物考古研究所前身）为了配合第一批国保单位保护工作，对辽上京皇城进行了考古钻探，并做了试掘。从2011年开始，为了更好地保护辽上京遗址，内蒙古文物考古研究所和中国社会科学院考古研究所联合组成辽上京遗址考古工作队，开始对辽上京遗址进行系统地考古勘测和发掘。2011年发掘辽上京皇城乾德门遗址，2012年发掘辽上京皇城西山坡佛寺遗址，均取得了十分重要的考古收获。

上京平面略呈“日”字形，由皇城（北）和汉城（南）两部分组成。皇城城墙周长6400米，城址面积 225万平方米。汉城城垣周长5800米，城址面积210万平方米。辽上京是契丹族营建的第一座都城，规模宏大，形制特殊。关于辽上京，文献中有简约记载。《辽史•地理志•上京道》云：“上京临潢府，本汉辽东郡西安平之

辽上京皇城鸟瞰

出土的铜镜

地。……神册三年（918年）城之，名曰皇都。天显十三年（938年），更名上京，府曰临潢。”上京“其北谓之皇城，高三丈，有楼橹。门，东曰安东，南曰大顺，西曰乾德，北曰拱辰。中有大内。内南门曰承天，有楼阁；东门曰东华，西曰西华。此通内出入之所……南城谓之汉城，南当横街，各有楼对峙，下列井肆……”

关于辽上京，历史文献记载十分简单。因此，考古勘测和发掘成为我们了解辽上京形制布局和功能分区等最为主要的手段。为了增

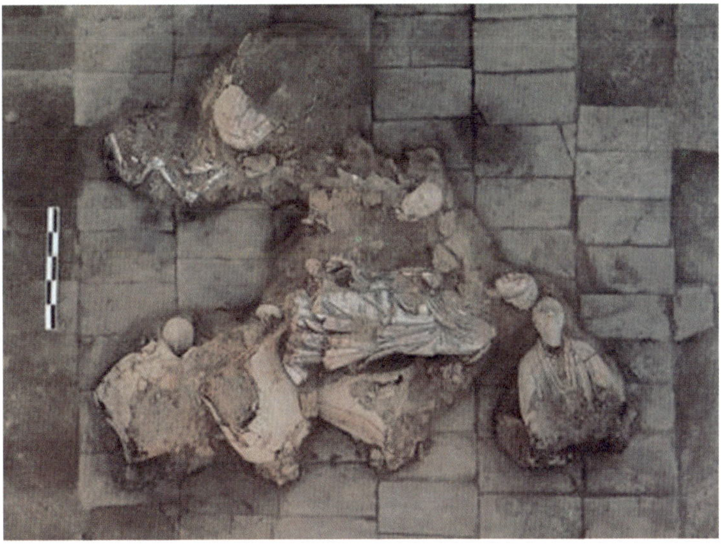

出土的泥塑像

出土的彩绘泥塑头部

进对辽上京皇城遗址平面布局的认识，全面了解辽上京遗址的文化性质，考古队对辽代上京皇城西山坡遗址三组大型建筑基址进行了全面的考古发掘，取得了重要考古发现。

西山坡是上京皇城西南的一处自然高地，也是全城的制高点。三组大型的建筑基址呈“日”字形分布，一号建筑基址呈六角形，由大型包砖夯土台基和台上建筑两部分组成。方向东偏南17°，由夯土、包砖、砖铺散水、东侧月台和西侧踏道组成。夯土台基西侧直接在基岩上分层夯筑，东部有夯土基槽。台基边长约20米，对角直径约40米，总高约2米。六壁最外砌单层包边砖，磨砖对缝，抹白灰皮。夯土与包边砖之间，采取夯土层间加砌平铺断砖的做法。东侧台基外侧遗迹残损严重，推测原有包砖的夯土月台，南北两侧设漫道登临。月台夯土下叠压有残损的砖砌涵洞和象眼，应是较早修筑的漫道遗存。西侧台基外，有包砖的夯土斜坡漫道，南壁尚存砖砌象眼。台基及月台、漫道的包砖外，均做单行砖散水。台基之上现存柱础、墙体、白灰墙皮、石条、地面铺砖及砖痕等遗迹，建筑底层平面结构保存较好。平面呈六角形，用柱三周，每面三间。这三圈柱网及墙体，由内到外将台面上的空间分为内槽砖构、外槽木构和台明三部分。

内圈柱础嵌于夯土台面内，当心间柱心距5米。柱础为不规则平石础，其上以白灰找平立石柱。平石础面上发现营造时的放线墨迹。石柱为打磨不规则的棱柱体，完全被包砌在砖构墙体内。砖墙外壁抹白灰皮。结合现存遗迹可知，台上建筑的内槽为六角形砖构实体，底层内部的东西轴线上，依次布置方形前室、六角形中室和方形后室。三个小室仅存底层砌砖，内壁抹白灰皮。其中前室和后室分别设甬道通向回廊，后室尚存石门限和门砧。中室东侧被扰坑破坏，西侧不与后室相通。后室内中央铺砖地面上残存八角形石经幢残件一个。附近还发现戴璎珞着佛装的石雕像、仰莲石雕残块等。在三个小室南北两侧的夯土台面上，平铺成排石条，北侧一排，南侧两排。石条打磨不规则，四周抹灰砌侧立砖，是内槽砖构实体底部不露明的基础部分。前室和后室进门左手侧，各有一处铺砖痕迹，通向成排石条方向。中圈柱础紧贴内槽砖壁，外圈和中圈柱础之间形成外槽回廊，宽度约

出土的柱础

发掘清理的塔基全景

出土的泥塑残手

5.3米。外槽回廊夯土台面高于内槽，其上全部铺砖，磨砖对缝。中圈及外圈柱础当心间对缝。两圈均用覆盆柱础，有素面、莲瓣纹饰和动物纹饰三类。部分柱础上有打破雕花纹饰的榫口，可知修建时柱础利用了旧物。外圈柱础石下面发现有对位的承础石，中圈未见。两圈柱础上原均立木柱，柱径约45厘米。墙体结构均为单层土坯墙外砌单层砖墙。东面正门道的回廊内北侧，原址保留了一处泥塑立像，残存跣足与仰莲座，彩绘贴金。沿中圈柱础外侧一周清理出几处砖砌像座址。外圈墙外为台明部分，地面铺砖，现基台边缘铺砖及夯土均已损毁。

在一号建筑基址中出土了大量泥塑佛教造像和铜钱，还有石像、石经幢残件、石雕残块、陶瓷片、铁器、铜镜、木炭等，以及大量砖块和部分瓦当、筒瓦、板瓦、滴水等建筑构件。根据发掘的遗迹

发掘清理的塔基鸟瞰

出土的泥塑人像

形制和遗物推定，一号建筑基址应是一座内外槽砖木混合结构的六角形佛教建筑基址，是一座体量宏大的佛塔，按塔基直径推算，原高可达80余米。根据考古发掘情况可知，该塔于辽代始建，至少进行过两次大规模修筑，金代以后才逐渐废弃。

二号建筑基址和三号建筑基址，根据地表形状可确认也是六角形砖塔，分别位于一号建筑基址南侧和北侧。二号塔基边长为5.9米，对径为11.8米。现存台基和地宫两部分。台基地表残存六角形包砖夯土高台，外表包砖凌乱；地宫曾经被多次盗掘，现存锅底状大坑。三号塔基边长5.7米，对径11.4米，塔体不存，地宫也被盗掘。二、三号塔基的包砖、散水的做法和规格均与一号塔基基址相同。二、三号塔台一周均无踏道（坡道），不可登临。二、三号塔基地宫均开凿在基岩中，平面为“甲”字形，由通道、甬道、宫室三部分组成。根据白灰墙皮和砌砖的叠压关系可知，地宫至少经过多次修筑。两座佛塔基址破坏严重，不仅地宫遗物无存，而且连修砌地宫的青砖都被盗掘一空。仅在三号地宫填土中发现石雕彩绘舍利棺残块等遗物。

出土的泥塑人像

西山坡是皇城制高点，位置重要，规模庞大。近半个世纪以来，学术界通常认为西山坡是辽上京早期的宫殿遗址“日月宫”所在地，根据本次考古发现的遗迹和遗物，可以确认西山坡是一处辽代始建的佛教寺院遗址，对重新认识辽上京皇城遗址的形制布局有非常重要的影响。上京城内西山坡遗址由三座院落组成。中间长方形院内，中轴线上有前后两座长方形大型建筑基址。佛寺北组为东向的长方形院落，四周有院墙。中轴线上的主体建筑为大型的六角形砖木混合结构佛塔建筑（一号建筑基址），左右两侧对称布置小型的六角形砖塔（二、三号建筑基址），前有小型建筑基址和广场。一号塔基遗址建筑结构特殊，出土雕刻莲花纹、龙凤纹的柱础，刻画写实、彩绘贴金的泥塑造像，以及石经幢座等，这些都从一定程度上反映了这座基址的等级

出土的泥塑人像

出土的泥塑头部

和功能。南组院落内遗迹破坏较甚，残存两座圆形基址，应是与北组院内的塔基性质相同。上京城西山坡佛寺遗址地处皇城内的特殊位置，彰显佛教在辽朝的宗教地位。西山坡三座佛塔基址，采用一字排开的特殊布局，以及一号基址六角形独特建筑结构，为辽金佛塔建筑基础的研究提供了重要考古实例。一号建筑基址的外槽回廊内，发现很多写实逼真的泥塑造像，其中有彩绘贴金泥塑像，这是我国首次考古出土的辽代泥塑造像，具有十分重要的历史、科学和艺术价值。辽上京的营建在承袭汉唐都城制度的同时，有着自身鲜明的特色。辽上京"日"字形双城制平面布局，丰富了中国古代都城形制的研究资料。皇城内西山坡高地修建佛教寺院，仅次于宫城地位。这样的布局特点，充分体现了辽上京营建者在都城设计和布局方面的创新理念。

辽上京遗址是中国北方地带最大的辽代都城遗址，地下埋藏文物丰富，文化遗产价值突出。围绕着辽上京遗址，还分布有辽中京、辽祖陵、辽怀陵、辽庆陵等闻名于世的文物遗址，是我区极为珍贵的物质文化资源。在这一地区，不断有震惊中外的考古大发现，陈国公

出土的泥塑像

主墓、耶律羽之墓、宝山辽墓等一系列重大考古发掘，有力地奠定了我区文化遗产保护的重要地位。辽上京西山坡佛寺遗址的考古发掘，对于深入揭示辽代都城遗址的突出普遍价值，建设民族文化强区，弘扬民族文化具有重要的学术意义。2013年，辽上京西山坡佛寺遗址考古发掘荣获2012年度全国十大考古新发现。

参考资料：

本文资料由董新林先生提供，并参考张郁《辽上京城址勘察报告》，《内蒙古文物考古文集》（第一辑），中国大百科全书出版社，1994 年；董新林《辽上京城的发现和研究综述》，《北方文物》2006 年第 3 期；董新林、陈永志、汪盈《内蒙古辽上京遗址探微》，《中国文化报》2013 年 6 月 7 日；董新林、陈永志《内蒙古巴林左旗辽上京皇城西山坡佛寺遗址考古获重大发现》，《考古》2013 年 1 期。

草原丝绸之路上的一朵奇葩
——集宁路古城遗址

CAOYUANSICHOUZHILUSHANGDEYIDUOQIPAJINING LUGUCHENGYIZHI

考古发掘区

集宁路古城遗址，位于内蒙古乌兰察布市察右前旗巴音镇土城子村，当地村民称之为“土城子”。古城北邻110国道，南靠黄旗海，西距乌兰察布市集宁区25公里。这里西连古阴山山脉，东临冀北重镇张家口，南控晋北蛮汉山脉，北接蒙古大草原，倚山傍河，水草丰美，地理位置十分重要。古城建于金章宗明昌三年（1192

年），原系金代集宁县，为西京路大同府抚州属邑，是蒙古草原与河北、山西等地进行商贸交易的市场。元代初年，升为集宁路，属中书省管辖，下辖集宁一县。古城平面呈方形，分外城、内城、衙署区三部分。经考古发现，外城为元代所建，内城为金代所建。外城南北约1100米，东西约1000米。东、北墙保存较好，宽5～6米，残高0.5～2.5米。西、南墙破坏严重，已模糊不清。内城南北940米，东西640米，东、西墙各设一门，东门位于东城墙北段，外置方形瓮城；西门设在西城墙中段，外置马蹄形瓮城。南门情况不详。内城北部正中为衙署区，南北70米，东西66米。城内地层堆积东浅西深，文化层厚1.5～5米。古城内经常出土一些钱币、瓷器及铜镜等文物。民国十一年（1923年），当地曾发现《集宁文宣王庙学碑》一通，上书有“集宁路”、“皇庆元年”（1312年）字样，由此得知该古城遗址为元代“集宁路总管府”所在地，现在集宁市名称实际上就是以此来命名的，仍然取之“集市安宁”之意。1988年6月，遗址被内蒙古自治区人民政府公布为第二批自治区级重点文物保护单位。

1957年，集宁至张家口的铁路开始施工建设，该铁路经过集宁路古城的西南部。当时的内蒙古文物工作队（内蒙古文物考古研究

考古发掘现场

发掘清理出的市肆遗迹

古城内道路遗迹

所前身）进驻施工现场进行抢救性清理，发掘遗址面积862平方米，清理墓葬27座，另外还清理出器物窖藏多处，在窖藏中发现有大量瓷器、铁器、陶器等器物，特别是在一漆器底部发现书写有“内府官物”等字，由此得知此地还埋藏有元代官府的器物。1976年11月，又在古城的西南部一大瓮内发现印金丝织品6件，提花罗锦2件，提花素绫2件，还出土有绣花鞋、瓷碗等器物。特别

城内清理出的市肆大街遗迹

文物窖藏清理现场

重要的是在一提花绫缎表面印写有“集宁路达鲁花赤总管府”字样，由此得知这是集宁路达鲁花赤总管府的遗物。1977年9月，又在古城的西南部发现一处瓷器窖藏，出土龙泉窑香炉、钧瓷钵、双耳白瓷壶等瓷器多件。1984年6月，乌兰察布盟文物训练班在集宁路古城又进行了考古调查与试掘。2002年至2005年，为了配合110国道呼—集—老高速公路建设，内蒙古自治区文物考古研究所、乌兰察布博物馆、察右前旗文物管理所对集宁路古城遗址进行了大规模的抢救性考古发掘，取得了重大成果。考古发掘总面积22045平方米，清理出完整的市肆遗址一处，各类器物窖藏40余处，完整瓷器500余件，钱币36849

出土的瓷器窖藏

出土的铜铁器窖藏

枚，其它陶器、铜器、铁器、金银器5000余件。这是我区文物考古工作者首次对元代“路”一级城市的全面揭露，发现了纵横的街道、完整的市肆遗址、各大窑系的精品瓷器、多处器物窖藏，堪称元代珍贵遗存的地下宝库。其所折射出来的政治、经济、文化信息异常丰富。

集宁路古城西临蒙古草原南端最大的淡水湖黄旗海，古城整体坐落在黄旗海东面的扇形草滩之上。东面是一条自然小河，南流西折绕城注入黄旗海，南面隔河是一座圆锥形的山峰，名曰“旗杆山”，

出土的钱币窖藏

清理出土的乱葬坑

北面是开阔的草原，一望无际。由于古城周围水资源丰富，植被丰茂，自然环境显得十分优越。由此可以推测古城最初的选址与建设是经过设计者刻意规划的。

元代的都城规模较大，城市的建设布局一般沿袭唐、宋制度，著名的元上都、元大都皆是如此。而元代路一级的城市建置、布局遵循的城市制度尚缺乏认识。经调查、勘探、发掘发现，城内道路为六纵七横，城外有一条南北向的通道。与西门瓮城直通的大道为城内街区的中轴线，以北分布有9大街区，应属于城内的官衙地区；以南分布有22小街区，是城内的居民区或手工业作坊区。从西向东第三条南北向道路与中枢道路相交的地带是这座城市的中心所在，由十字交股的街道与鳞次栉比的房屋组成，即城内商品交换区域，其主体位置恰好处于官民两区的衔接地带。近年的考古发掘确定了集宁县古城的西城墙、西门及瓮城遗迹。以前认定的西城墙实际上是集宁县古城的西城墙。集宁县古城西城门设在西城墙的中段，与城内一条横贯东西的大道相连，外罩马蹄形瓮城。东城门在东城墙的北段，与古城北部

西门瓮城

的另一条东西向大道相连，外罩方形瓮城。按此次确定出的城垣结构测算，集宁县古城的北城墙长为640米，西城墙长为940米，平面呈长方形，城垣面积为640米×940米，这种城市规模正好与乌兰察布市四子王旗的净州路古城（670米×920米）、包头市达茂旗的德宁路古城（582米×970米）、赤峰市克什克腾旗的应昌路古城（650米×800米）的面积基本上一致。集宁路、净州路古城皆初建于金代，《金史•地理志》中有详细记载，德宁路与应昌路古城系元初新建，由此说明元代“路”一级的城市建置基本上是沿用了金朝的城市制度，同时也反映出元代“路”一级城市的基本规模。后来，随着集宁路驿站功能的需求，建设扩张，城市规模变大了。

成吉思汗统一蒙古高原之前，蒙古族在草原上过着随水草迁徙的游牧生活，没有定居的土木建筑物，也没有城郭，即《黑鞑事略》所载的“无城壁栋宇”。成吉思汗统一蒙古草原各部之后，逐渐与邻近的农业民族接触到了城市生活。1220年，成吉思汗定都哈剌和林（故址在鄂尔浑河上游东哈剌和林），开始大规模修建城市。1235年，窝阔台汗在哈剌和林建万安宫，这是蒙古族在草原上修筑的第一座早期城市。忽必烈建立元朝之后，将宋、辽、金、西夏等朝在草原上建立的城郭加以修缮改造后居住，同时根据统治需要重新修建了一些城市，如1256年建元上都，1270年建应昌路，1283年建德宁路，1295年修建全宁路。蒙古统治者在建造这些城市的同时，还对金朝的一些具有特殊功能的城市进行沿用。集宁路古城即是蒙古族修缮沿用的金代城市之一，与净州路、德宁路、砂井总管府等城市是金朝设置于金界壕边侧的防御性军事城镇，同时也是金朝与蒙古草原上的各蒙古族部落进行商贸交易的榷场所在。元朝建立后，在国内实行行省制度，下设路、府、州、县等行政区划。元政府考虑到集宁县具有南北商贸交易的区位优势，便将其升为“路”一级城市，隶属中书省管辖。此时的“路”一级城市，其军事防御的功能逐渐淡化，中转贸易的功能日渐加强。集宁路古城清理出土的城垣及瓮城，被晚期居民修整建房居住，城外关厢地区也大量建筑房屋，充分说明了金元两代城市功能变迁的真实情况。

集宁路古城城内建筑遗迹保存较为完好，遗迹间叠压、打破关系较多，亦较为复杂。其中房址平面呈方形或长方形，方向为正南北方向。一般规模较大，开间较多，成组分布于道路两侧，墙壁多用土坯建成，居住面平整、坚硬，每间房子内均有炕，较矮，为石板铺盖。烟道多呈“S”形、“L”形或“川”字形。部分房子有柱础，一些房址中还带有排水系统。灰坑有圆形、方形、长方形、不规则形几种，其中窖穴所占比例较大，且多为圆形，底部残存有粮食的腐殖质。水井分土井和石砌井两种。土井井壁加工光滑，并留有脚窝。水涮层较低。石砌井上小下大，上圆下方，石块垒砌齐整，井函较低。道路多世代沿用，东西向或南北向，路面宽阔平整，较为坚硬，两侧设有排水沟及渗水池。墓葬为竖穴土坑墓，无随葬品。瓮棺葬葬具用瓷瓮，内葬骨架，并随葬有铜钱数枚。另外在部分灰坑或水井中发现有凌乱的肢骨或头颅,骨肢不全,属于捡殓丢弃所为。窖藏多用瓷瓮或罐装盛，少数直接藏于窖穴中，藏品种类丰富，有瓷、金、

出土的瓷器

清理的器物窖藏

银、铜、铁、陶等不同质地。房址、街道、作坊、窖穴、水井等遗迹基本上完整，没有经过后人的大规模扰动，房间内的火炕、锅台、水瓮、牛腿瓶、石磨、石臼等生活设施基本上保持原样放置。在清理这些房屋时，曾意外地在屋内角落、灶台及火炕内发现窖藏贵重器物的现象。另外，还发现多处已经移位的空置大瓮，亦应当为窖藏类，只不过是瓮内器物被人取走。

器物窖藏出土情况

器物窖藏出土情况

在城址中西部中心地带有成片的房屋基址，这些房址成排地分布在街道两侧，房屋的布局及开间基本上一致,临街房屋呈格栏式布局，房间门道临街，类似于现在的“门脸房”，是集宁路古城进行商品交易的主要场所，也是这座城市的中心市肆所在地。市肆遗址东西长100米，南北宽60米，房址分布于十字街道两侧，均由正南北向多开间的多组房屋组成。火炕、地灶、烤炉、石磨盘、大型陶瓮等生活设施均出土于靠近街道的房间内。这些临街房屋形制基本相似，开间较小，门道面街，比较空荡。而距街道较远的房屋一般开间较大，屋内生活设施较少，可见临街房屋为居住、交易场所，里侧的房屋则为作坊或存放物品之地。

瓷器出土情况

在市肆遗址街道两侧的房址内，发现有大量钱币及瓷器窖藏，在十字街繁华地带内的一些房址中，还发现烘烤食物的炉窑，炉窑内残存有烤焦的食物，这应是城内饭馆一类的建筑。在另一些房址内还发现有成串的首饰及玉石的玩物饰件，由此可以想象到集宁路古城当时商业贸易的繁荣景象。另外，在东西向街道东端的一组房屋内，曾发现有9处窖藏，除出土瓷器外，最有特点的是出土了一套铜勺、铜匙、铜碟等器皿，结合瓷器的底足处“王宅药铺”或“药”字墨书推断，是一处大型药店所在，这些都足以说明集宁路古城作为一座塞外的商业城市，不但其城市功能较为完备，而且商品交换的内容也是十分广泛的。集宁路古城中市肆遗址位于直达城门的十字通衢两侧，属于城市的居中要害部位，充分说明元朝政府对集宁路古城商业贸易功能的高度重视。

器物窖藏出土情况

集宁路在金代曾是中原与北方草原各蒙古族部落进

出土文物清理现场

行商品交换的榷场所在，元朝将其行政区划升为“路”一级，来充分利用其商品交换的城市功能，这是由集宁路古城自身所处的特殊地理位置所决定的。元朝在漠北草原地区设置有岭北行省，其政治中心为哈剌和林、称海、谦谦州等城市，这些城市位于欧亚大陆的东端，在沟通东西方政治、经济及文化交流的过程中起着重要的枢纽作用。集宁路古城正处于元朝的“腹里”行中书省、陕西行省的北部边缘地带，是与岭北行省及各大城市进行联系的纽带，其功能显而易见。成吉思汗统一蒙古高原后，蒙古统治者曾三次西征，打通了东西方的交通要道，钦察汗国、察合台汗国、窝阔台汗国、伊儿汗国的建立，使得欧亚大陆南北、东西的经济文化交流频繁而又广泛，商业贸易也得到了进一步的发展。元朝拥有广大的陆路疆域，陆路贸易也是其海外贸易的一个重要方面。元朝与西方的商贸通道主要由漠南直接向北进入漠北草原地区，经哈剌和林、称海等城市，经天山北麓过欧亚草原直达欧洲。这条道路为广阔的草原平地，对于骑马民族来讲，这是一条便捷而又方便的草原大通道。成吉思汗统一蒙古高原之后，东西方商业贸易与文化的交流主要通过这一大通道来进行，特别是游牧民族对文化的远距离传播具有其他民族无法比拟的优势。所以，元朝的陆路贸易的发达程度不亚于海上贸易，而位于古阴山以北农牧结合带的集宁路古城即是欧亚商贸往来与文化交流过程中的枢纽与桥梁，草原丝绸之路东端的一个重要起点。

出土的钧窑大盘

集宁路古城最为重要的是出土大量金、元时期的瓷器。其数量之大、种类之多、器物之精美实属罕见。到目前为止，已出土完整瓷器500余件，可复原瓷器标本7800余件，另外还有其他各类珍贵瓷器标本上万件。这批瓷器的最大特点是具有明确的地层关系、种类丰富、窑系较多。根据胎釉的装饰特点判断，总计涉及有钧窑、磁州窑、定窑、耀州窑、龙泉窑、建窑、景德镇窑等七大窑系。七大窑系瓷器中能够确定的窑口有钧窑、磁州窑、定窑、耀州窑、龙泉窑、景德镇窑、霍窑等。钧窑系器物数量较大，品类较多，胎质较粗松，有黄白色、灰黑色、砖红色等，釉色以天青、月白、天蓝为主，部分器物呈黄绿色或茄皮紫色，一些碗、盘内壁饰有紫色、墨蓝色、红色等斑块或斑点。器体足根或内心多脱釉，釉面多有棕眼或流釉现象，器形以碗、盘、碟、罐、钵、香炉为主。有的器物施釉均匀，釉面光滑剔透，造型别致清新，线条生动流畅，既不失丰满圆润，又不失粗犷大气，显示了较高的工艺水平。磁州窑

出土的龙泉窑盘

系器物胎质较粗松，呈黄白色，釉面装饰上有白地黑花、白地茶色花、白地赭色花、白地酱花及白釉、黑釉、酱色釉等多种，纹饰以花草、鸟雀为其常见素材，有釉上彩与釉下彩之分，器形有罐、盆、碗、盘等。磁州窑系瓷器造型美观大方，风格古朴典雅，纹饰虽寥寥数笔，但栩栩如生，跃然纸上。定窑系瓷器多为白瓷，胎质细腻，呈乳白色，釉色略闪青灰，器物内壁印、划有莲花、菊花、鱼纹、鸟雀纹、水波纹等装饰，外壁制胎成曲腹或莲瓣状，多芒口，属覆烧成器。耀州窑系器物胎质致密，呈灰色，釉色呈黄绿色或姜黄色，釉面多有冰裂纹，器壁内侧多以刻花为装饰，色泽深浅不一，层次感较强，器形以碗、盘为主。龙泉窑系器物胎质坚硬细密，呈灰色，釉色纯正，有粉青、豆青等品种，釉面光滑，玻璃质感强，部分釉内有析晶或气泡。此类器物盘内多贴塑有双鱼纹，碗外壁刻剔成莲瓣状。器形有盘、碗、罐、高足杯、三足尊等。建窑系器物胎质细密，呈青灰色，釉面有“油滴”、“玳瑁”、“兔毫”等装饰，器形主要为碗、盏、盘等。景德镇窑系器物胎质坚硬致密，呈白色，釉色丰富，有青花、釉里红、影青、枢府釉等品种，有菊花、宝相花、蔓草、云龙纹、凤纹、八宝

出土的仿建窑油滴盘

出土的龙泉窑瓷碗

纹等装饰，器形有碗、盘、高足杯、玉壶春瓶、注壶等。另外，集宁路古城还出土有高丽瓷器，窖藏26出土的龟形砚滴，通体施粉青釉，眼、须、牙齿及荷花等装饰栩栩如生，甲片上刻有“王”字，着釉薄厚得当，造型威猛生动，实乃高丽瓷器之珍品。

出土的青花凤纹高足杯

纵观集宁路古城出土的这些瓷器，制作精美，品相极佳，青花、釉里红、枢府釉、青瓷、黑瓷等各个品类无一不有，标志着元王朝高超的瓷器制造技术。如果说，唐宋是中国瓷器定型期的话，那么，元朝就是中国瓷器的大发展时期。蒙古统治者特别重视工匠，在战争时期对工匠俘而不杀，战争之后又采取拘括的办法，将他们集中起来为他们生产武器及生活用品。为了对手工业生产进行有效的管理，元王朝设有庞大复杂的官营手工业机构，至元十五年（1278年），元王朝在景德镇专门设立主管瓷器的机构浮梁瓷局，隶属匠作院下的“诸路金玉人匠总管府”。由于南北工匠的大量聚集，加之官方的有效管理，唐宋流传下来的瓷器制造技术在元朝得到了空前的交流与发展。以景德镇为中心，龙泉窑、定窑、耀州窑、钧窑、磁州窑等各大名窑继续扩大生产，同时一大批民窑也在大江南北兴起，一时间窑烟遍起，形成了“工匠八方来，器成天下走”的宏大局面。有元一代，将历史上流传下来的胎釉装饰艺术发展到顶峰的同时，还创烧

出土的绞胎高足杯

出土的瓷佛像

出土的钧窑炉

了青花、釉里红、卵白釉瓷器。青花、釉里红瓷器的烧制成功，是将民间的绘画艺术成功地应用于瓷器烧造技术上的重要标志，从而一举奠定了明清彩瓷烧造的基础。

在集宁路古城内还发现40余处瓷器窖藏，这些瓷器一般被整齐地放在瓷瓮、瓷缸或瓷罐当中，还有些瓷器就地挖坑掩埋。窖口以一平底铁釜、铁锅盖或其它硬物掩盖。在发现的这些窖藏当中，最为重要的是窖藏15出土釉里红玉壶春瓶1件，窖藏24出土景德镇窑青花高足杯6件，窖藏19出土瓷器40件，窖藏32、33出土钧窑香炉、龙泉窑三足樽等瓷器61件。这些窖藏瓷器当中最大的亮点是发现了8件青花瓷器，其中青花高足杯6件，青花盏1件，青花梨形壶1件。

出土的陶礼器

集宁路古城集中出土了大量的古代钱币，总数已达3万余枚。这些钱币有的用罐装盛，有的放在大缸内，有的用皮囊裹包，还有的就地挖坑填埋，有少量出土于房址、灰坑或地层当中，多成串穿在一起，每串钱币数量不定。有些窖藏出土的钱币较新，钱郭及内穿还带有毛茬，钱身带有沙粒。出土于房址与地层的钱币较为零散，多使用过，另外发现有错版及熔铸钱币的现象。这些钱币种类主要以宋钱为主，约占出土钱币总数的80%以上，另外有相当数量的金、元代钱币，还有少量的五代及汉代的钱币。宋钱主要有“皇宋通宝”、“祥符通宝”、“至和元宝”、“熙宁元宝”、“大观通宝”等，金代钱币主要有“正隆元宝”、“大定通宝”两种，元代铜钱有“至大通宝”、“大元通宝”、“至正通宝”等，五代及汉代钱币有“唐国通宝”及“五铢”

釉里红玉壶春瓶出土情况

出土的釉里红玉壶春瓶

出土的青花高足杯

钱等。这些钱币的出土，为进一步研究元代的货币制度提供了弥足珍贵的实物资料。

内蒙古草原地区蒙元时期的城址中多发现有大量的宋钱，而蒙元时期铸造的钱币却反而发现得较少，已经发现的钱币窖藏也多以宋钱为主。集宁路古城出土的钱币正是属于这种情况。结合朝鲜半岛新安沉船以及其他商贸沉船上也发现有大量铜钱的现象，这应当是元代膨胀的商业贸易与畸形的货币制度使然，应是一种反常的历史现象。蒙元时期沿袭宋、金的货币制度，成吉思汗建立蒙古汗国，仿宋“大观”钱制，铸行“大朝通宝”钱。窝阔台、蒙哥汗时期，继续沿用金

出土的青白釉卧象座

出土的龙首龟身青瓷砚滴

出土的玉饰件

朝的纸币制度，元世祖忽必烈登基后，曾仿造过宋、金的钱币，如“宣和通宝”背半分，“大观通宝”背半钱等，同时还颁行交钞，发行中统元宝交钞。1271年，元朝建立，以中统钞为固定货币，以白银为货币本位，大量发行纸币，于是以后各代铜钱的铸行数量逐渐减少或废止，一般只象征性地铸行一些类似“中统元宝”、“至大通宝”、“至正通宝”的年号钱，这是元代铜钱发现较少的一个主要原因。自忽必烈以后，元朝各代争相印制纸币，仅中统元宝交钞一项，至元十三年（1276年）改铜版印刷后，发行量骤增，达141万余锭，以后又有“中统银货”、“至元通行宝钞”、“至大银钞”等。元顺帝时，又采用吏部尚书契哲笃的建议，再次更改钞法，重铸铜钱，新印至正中统交钞，以楮币为母，铜钱为子，称之为“子母相权”，其内容是以中统交钞壹贯文省权铜钱一千文，准至元宝钞二贯，这种颠倒本末的币制改革，其目的是放手印制交钞，以虚代实。1352年，印造至正钞190万锭，至元钞10万锭。1355年，又印制至正钞600万锭。纸币的大量发行，大大超过了朝廷的准备金，而民间无钞本抵换，其结果是造成物价增长10倍。加之朝廷强行以法律手段干预市场，导致通货膨胀，纸币实际上成为国家强制流通的一种永远不能兑现的货币，其结果是造成了民间交易市场上“铜贵纸贱”的局面。《元史·食货志》记中统钞：“昏软者不复行用，京师料钞十锭，易斗粟不可”，“每日印造，不可数计”，致使百姓不愿使用，纸币形如废纸，民

出土的鸟食罐

间贸易甚至达到以物易物的地步，元朝的财政经济基本上崩溃。在这种情况下，民间自然视铜钱为保值货币，这种货币体制的弊端，已有志士认识到："钞乃虚文，钱乃实器，钱钞并用，则民必舍虚而取实。"（《王忠文公集》卷十二《泉货议》）朝臣吕思诚亦提出类似意见，说民间将"藏其实（铜钱）而弃其虚（钞币）"。集宁路古城出土的大量窖藏钱币，即是这种反常历史现象的真实缩影，宋代及其他朝代铜钱在民间的大量存在，说明元代民间贸易仍使用铜钱为流通货币，铜钱之间的比值兑换应是以铜的含量多少来进行计算的。所以，在民间市场上，其他朝代的铜钱都可以流通使用，这也是元代货币制度畸形发展的另一个侧面。

元代末期，元朝政治腐败，财政凋敝，民族矛盾加剧，1351年终于爆发了针对蒙古统治者的红巾军大起义，1357年，红巾军分3路北伐，以破头潘、关先生率领的中路军进入山西，1358年由大同路攻打集宁路，再由集宁路攻入兴和路，直捣应昌路与元上都，这就是史书所记红巾军“掠大同兴和塞外诸郡”之战（《明史》卷一百二二，《郭子兴、韩林儿传》），此事在元人笔记中也有记载：“上都千里，皆为红贼称伪。”（《至正直记》卷一）这是集宁路古城所经历的第一次战火。10年之后，明朝大将徐达、常遇春率领明军再度北上攻陷元大都，又由大同路攻打集宁路，转而占领元上都。这是集宁路古城遭遇的第二次战火。由于草原城市多位于地广人稀之处，消息传输不畅，战争风暴来的较为突然，城内居民在避难的过程中将一些不便带走的贵重物品放在不易破损的大瓮当中窖藏起来，期望等战争结束以后重返家园再次使用，这就是集宁路古城中发现多处窖藏的主要原因。第一次战火结束之后，元朝地方政权尚在苟延残喘，部分官民曾经返回城内打扫战场重新生活，城内敛葬墓即是此时所为，而那些移位空置的大瓮实际上是返回城内的居民将窖藏器物据为己有之后的遗留。返回城内的居民做梦也没有想到，事隔10年会再次发生战争，而且是改朝换代之举，声势浩大，毁

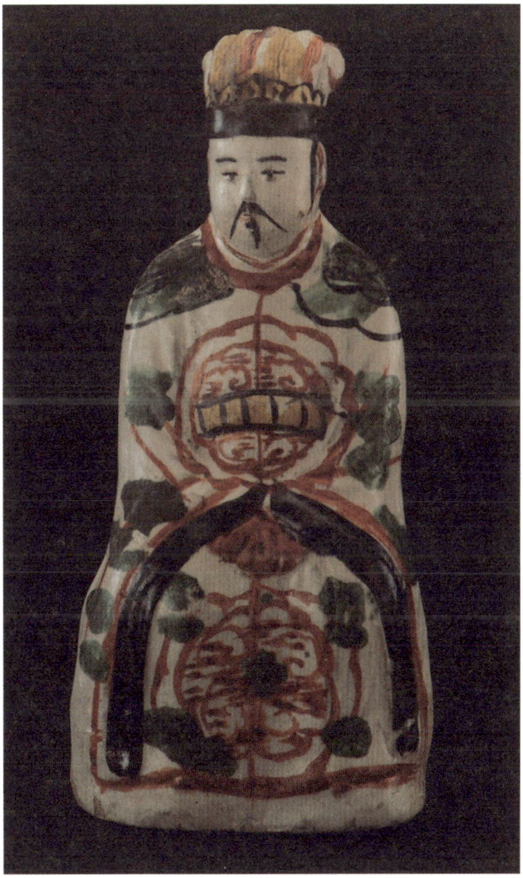

出土的红绿彩文财神像

出土的金簪

出土的铁甲片及瓷器

灭性极强。集宁路古城遭到此次重创之后，完全毁灭。明朝建立后，洪武至宣德年间，明廷一方面远征北元政权，打击蒙古的残余势力，

出土的铜镜

另一方面在边疆地区修建长城、塞堡，并在长城沿线设置“九边”重镇重兵把守。特别是正统十四年（1449年）“土木之变”以后，明朝采取以守为攻的战略，漠北的一些防守卫所撤到内地，长城以北草原地带的一些城市所在地成为明廷与北元进行拉锯战争的战场，这些城市不可能有居民重新居住，于是也就彻底地湮灭了。而集宁路古城正是属于这种状况，它距大同长城防守的重要关口马市口仅100余公里，是明朝与北元政府进行战争的前沿地带，加之古城规模较小，自然也就不会被晚期居民扰乱或沿用，原居住于集宁路古城的居民再也没有机会回到城内重新生活，所以，集宁路古城内保存较为完好的建筑遗迹以及大量的器物窖藏即为反映这段神奇历史的实物见证。集宁路古城遗址的考古发掘取得了重大收获，被评为“2003年度全国十大考古新发现”之一。

参考资料：

内蒙古自治区文物工作队《元代集宁路遗址清理记》，《文物》1961年第9期；张驭寰《元集宁路故城与建筑遗物》，《考古》1962年第11期。

世界文化遗产——元上都故城

SHIJIEWENHUAYICHANYUANSHANGDUGUCHENG

元上都三重城布局

忽必烈像

元上都遗址位于内蒙古自治区锡林郭勒盟正蓝旗上都镇北的金莲川草原上，地处滦河上源闪电河北岸。元上都始建于1256年，废弃于1369年，当时是整个蒙古高原地带的政治、经济、文化中心。元上都遗址至今保存完好，城址内皇城、宫城、外城及遗迹清晰可辨，宫殿台基突兀于地表，有序地排列，规模宏大壮观，虽经600多年的风风雨雨，至今仍巍然屹立在大草原之上。元上都遗址是中国北方草原地带保存最为完整、规模最大、出土文物最为丰富的文化遗存，是元朝辉煌历史的实物见证，也是人类珍贵的物质文化遗产。

元上都遗址所在地金莲川草原一带，历史上曾经是中国古代游牧民族频繁活动的地区。1251年，成吉思汗之孙忽必烈受命总领漠南汉地军国庶事，驻帐金莲川，建立了金莲川幕府。1256年，忽必烈命刘秉忠择地兴筑新城，此为元上都的滥觞。1259年，新城建成，城市背靠山峦，南临滦河，放眼一望无垠的草原，气势恢弘，遂命名为“开平”。元代文人曾称开平城：“龙岗蟠其阴，滦水经其阳，四山拱卫，佳气葱郁。”“山有市，水有鱼盐”，元上都周围环境的优势可见一斑。1260年，忽必烈在此召开忽里勒台大会，登上汗位，并依中原王朝制度，建元“中统”，将开平升为府，置中书省，总理全国政务。1263年，正式诏令开平府为上都，同年迁都燕京。自

金莲川草原

穆清阁遗址远景

1263年始，元世祖忽必烈每年2月起程赴上都，8月底返回，元朝两都巡幸制度由此形成。元朝皇帝每年有半年时间在上都避暑，同时处理军国大事，随同皇帝巡幸的文武百官辅佐皇帝议办朝政，因而在上都专门建有各中央机构的分支机构，如中书省上都分省、御史台上都分台、翰林国史院上都分院等。由于上都的地理位置“控引西北，东际辽海，南面而临制天下，形势尤重于大都”。所以，元世祖、元成宗、武宗、天顺帝、文宗、顺帝等六位皇帝都在上都继位登基，在上都发生著名的“南坡之变”、“上都兵变”等宫廷流血冲突，都显示了上都举足轻重的政治、军事地位。作为元朝的夏都，每年皇帝驻夏时，前来朝觐的各国使节、王公贵族、百官及护卫将士云集上都，毡车如雨、牛马如云。商人、传教士、旅行家纷至沓来，这其中又以马可·波罗最为后世所熟知。在元上都城内居住有蒙古人、汉人、契丹人、回鹘人、高丽人、尼泊尔人等，元上都成为当时蒙古草原地区最

夏季的元上都城址

为辉煌的都市、国际性的大都会。

元上都遗址分为城址与墓葬区两大部分。其中城址由宫城、皇城、外城和关厢四大部分组成。宫城呈长方形，东西宽570米，南北长620米，主墙体用黄土版筑而成，外侧以石条为地基，以青砖包砌，现存城墙高约5米。宫城内的主要建筑大安阁、穆清阁、承应阙、水晶殿、香殿、宣文阁、仁春阁等建筑遗迹清晰可辨。皇城呈正方形，每边长1400米，城墙用黄土版筑，表面用石块包砌，墙体残高约6米，建有高大的角楼。乾元寺、大龙光华严寺、孔庙和道观等宗教建筑分布其中。外城为正方形，每墙皆长2220米。城墙用黄土版筑，现存高约5米。外城北部是皇家园林，称为“北苑”，当时这里有“高榆矮柳，金莲紫菊”，是皇家豢养珍禽异兽、培植奇花异草和举行小型射猎活动场所，著名的“棕毛殿”就建在这里，也是举行大型宴会“诈马宴”的所在。西部是“西苑”，内有忽必烈汗所建的行宫，是皇帝的避暑地区。

元上都现存有13个城门。其中宫城分别为东、西、南“丁”字三街相对的东华门、西华门和御天门，元诗“东华西华南御天，三门相对凤池连”即指的是这三个城门。皇城南门为明德门，北门为复仁门，皇城六座城门均建有瓮城；在皇城和宫城墙体外

城外广济仓遗址

考古发掘现场

侧，建有护城河环绕。

上都城的东、西、南、北都设有关厢区。关厢内建筑分为粮仓，大型院落，小型民居和临街店铺等几大类，建筑布局整齐划一。在西关发现的东西向主干街道两侧，有成排的临街店铺遗迹，此类建筑均连有后院及成排的住房，应是元上都的商业区。东关因靠近皇城，地势空旷，遗迹较少，为王公贵族觐见皇帝之处，也是帐幕云集之所。元代有“西关轮舆多似雨，东关帐房乱如云”的诗句，即指的就是元上都东关、西关当时的场景。南关遗址为酒肆、客栈一类的建筑遗存，因靠近滦河，故元诗有“滦水桥边御道西，酒旗闹挂暮檐低”的描述，也有“滦河美酒斗十斤，下马饮酒不计钱”的感叹。北关为屯兵之所。在北关，发现了建筑规模较大的并列的两处整齐划一的建筑遗迹，应是驻军的院落遗址。

在元上都城址西北外侧还保存一处完整的防洪设施，这就是著名的铁幡竿渠，是由郭守敬于大德二年（1298年）实地勘查设计的。目前堤身与沟渠仍然保存完好，全长6千米，堤身用褐色黏土夯筑、外用石砌。每当雨季来临，洪水暴发，铁幡竿渠至今仍在发挥着作用。

城墙墙基情况

元上都遗址的考古调查与研究工作，最早始于20世纪30年代，日本东亚考古学会原田淑人一行对元上都进行了考古调查、测绘，其调查报告《上都——蒙古多伦诺尔元代都城址调查》首次把元上都分为内城、外城与外苑城三部分。1973年，内蒙古大学历史系贾州杰、李逸友等学者对元上都进行了更为详细的调查与测绘，并发表《元上

城墙与护城河

护城河排水闸遗址

都调查报告》一文。此次调查将元上都遗址按都城的建制划分为宫城、皇城、外城三大部分，确定了大安阁、穆清阁、华严寺、御天门、明德门、龙岗、御苑、广济仓、万盈仓、铁幡竿渠的具体位置。1990年至2003年，内蒙古文物考古研究所对元上都明德门遗址、大安阁遗址、皇城东城墙、砧子山墓地、一棵树墓地、卧牛石墓地及羊群庙祭祀遗址进行了考古发掘，基本上摸清了元上都遗址重要建筑的基本形制及地下文物的埋藏情况，其中最为重要的是首次对元上都遗址进行了航空遥感摄影调查，这对于准确地判断元上都遗址遗迹分布与组成状况具有重要的意义。

元上都城内道路情况

2008年至2011年，根据元上都申报世界文化遗产工作的总体要求，内蒙古自治区文物考古研究所完整地测绘了元上都城址及相关建筑遗迹，并结合测绘进行大规模的考古勘探工作，对城址的关厢地带、大龙光华严寺、乾元寺等建筑基址进行了考古勘探，同时考古发掘了明德门、御天门、大安阁、穆清阁等重要建筑基址。考古测绘完整地绘制出城址布局、建筑基址的分布、关厢范围、护城河、铁幡杆渠及城址周边山地的全貌。大龙光华严寺、乾元寺是此次考古勘探工作的重点。大龙光华严寺，始建于元宪宗八年（1258年），位于皇城西北角，按八卦属“艮”位。该建筑以中院为主，东西两配院相连，东西宽325米，南北长200米，中部有一35米见方的大型夯土台基，是其主体建筑。遗址内曾出土有佛像残块、龟趺和华严寺六代主持“皇元敕赐大司徒筠轩长老寿公之碑”，具有重要的史料价值。乾元寺又称“大乾元寺”，建于至元十一年（1274年），位于皇城西北角的“乾”位，在元上都的寺庙建筑中地位最为重要。元朝国号取《易经》“大哉乾元”之意，是建造乾元寺之本意。该建筑主体为前后两院的长方形，南北长265米，东西宽132.5米，中间尚存45米见方的

出土的龙形鸱吻

出土的龙纹琉璃瓦当

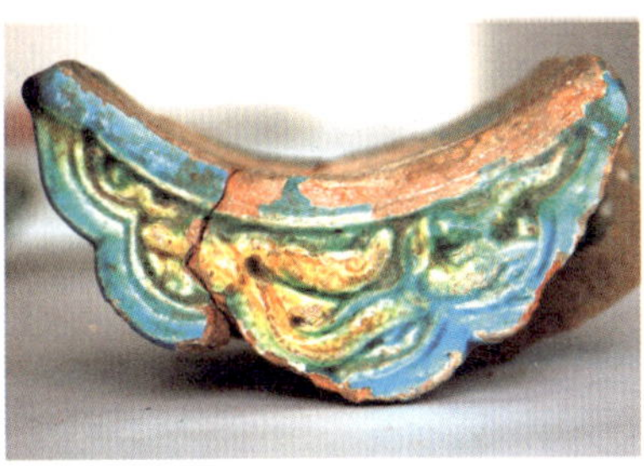

出土的龙纹琉璃滴水

大型夯土台基，曾出土有汉白玉螭首等重要文物。

考古发掘工作主要针对元上都中轴线分布的重要建筑基址，重点是明德门、御天门、大安阁、穆清阁4处。明德门为皇城的南门，有瓮城，正门道长24米，宽5.7米，残高2.7米，有高达7米的城门楼残迹。瓮城呈正方形，东西63米，南北51米，墙体宽12米，残高7米。瓮城门道长12米，宽3.8米。此次考古发掘完整地揭示出了明德门的具体建筑结构，出土了一批重要文物。明德门为元上都城的前门，与御道相连，也是由上都到大都驿路的起点，非常重要。“明德门千万骑过”、“偶因试马小盘桓，明德门前御道宽”是其真实场景的写照。御天门为宫城的南门，考古发掘清理了西门洞、门垛及部分瓮城，发现瓮城与城墙多次修补的状况，厘清了侧门洞、城墙与瓮城的关系。御天门为皇城南门，文武百官在此听宣候旨，皇帝政令也多由此发出，是故元诗有“御天门前百官多”、“御天门前闻诏书，驿马如飞到大都”的描写。

出土的青花瓷盏

出土的黑釉梅瓶

大安阁建于宫城正中部，是一方形的夯土台基，边长34米，高1.8米，整体呈“凸”字形，顶部有一晚期的喇嘛庙遗址。此次考古发掘，对大安阁遗址建筑台基的范围进行了确认，同时清理一处附属建筑遗址，出土有大理石龙纹角柱、龙纹柱础、龙纹砖、龙纹滴水、瓦当等重要遗物。大安阁是元上都宫城内最为重要的宫殿建筑，始建于1266年，根据南宋汴梁熙春阁建筑而成，属于楼阁式建筑，据熙春阁具体尺寸

出土的汉白玉建筑构件

出土的石房子模型

"高二百二十尺，广四十六步"，高度应在70米左右。元朝皇帝在大安阁内举行重要的政治活动，有五位皇帝在此登基，马可·波罗在此觐见忽必烈皇帝，并记述该宫殿"内有大理石宫殿，甚美……工巧之极，技术之佳"。大安阁是元上都代表性的建筑，元代诗文

出土的古叙利亚文墓顶石

出土的汉白玉螭首

多有赞誉："大安御阁势岧亭，华阙中天壮上京"、"大安阁是广寒宫，尺五青天八面风"，由此可见当时大安阁之建筑规模。穆清阁遗址的考古发掘，完整揭露出西配殿殿址东西两侧与城墙衔接处的基础部分，发现了殿址地基、上下行走的踏道和一处晚期的房址。穆清阁建于至正十三年（1353年），位于宫城最后端，依北墙而建，阙式建筑，与大安阁相对，坐拥皇城，是元上都城内最大的宫殿建筑，史载上有数百间房屋，东

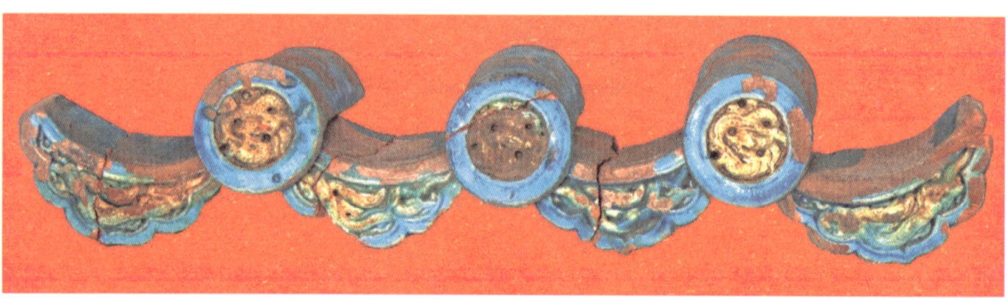

出土的瓦当滴水组图

出土的汉白玉石雕人像

西长130米，南北最宽60米。穆清阁主要是元朝皇帝赏景宴飨娱乐的地方，也称“太平楼”，有诗称之为“北阙岩绕号穆青，北山迢递绕金城，四时物色图丹壁，翠辇时临号太平”、“复仁门边人寂寂，太平楼上客纷纷”。穆清阁遗存是元上都城址中保存最好、最完整的

穆清阁遗址

穆清阁砖砌踏道

穆清阁踏道象眼

元代早期建筑基址，对它的清理发掘，为研究元代早期宫殿基址的建筑形制、规模、结构，对突出展现元上都遗址的科学价值、历史价值和艺术价值具有重要的意义。

在元上都城址周边较远的地区还分布有羊群庙祭祀遗址和砧子山、卧牛石、一棵树墓葬区。羊群庙祭祀遗址位于元上都西北35公里处，由4处祭祀遗址组

穆清阁建筑台基

穆清阁东阙台基础

成。祭祀遗址均由石围墙、祭台、汉白玉石雕像和建筑基础及供祭遗存组成。汉白玉石雕像雕刻精美，人物端坐于靠背圈椅之上，形象逼真。史载元文宗时，太平王燕铁木儿祭奠先人石像，“像琢白石，在滦都西北七十里地，曰旭泥白。负重台架小室贮之，祭以酒湩，注彻，则以肥脔周身涂之。从祖俗也”（见许有壬《陪右大夫太平王祭先太师石像》《至正集》卷一六），从中可以窥到羊群庙祭祀遗址的具体性质。砧子山墓葬区位于上都城东南的砧子山东南和西北两侧的山坡上，共有500余座墓葬，多数都有石砌方形茔墙。卧牛石墓葬区位于元上都西北，墓葬地表均用自然石块叠砌一凸字形墓茔，有砖椁墓、木椁墓和竖穴土坑墓三类。一棵树墓葬区位于元上都古城西北的另一处山坡之上，墓葬地表形制多为石圈状，主要为竖穴土坑墓与木椁墓两类，根据出土遗物与埋葬方式判断，一棵树墓地应为元上都城内部分蒙古人的墓地。

1358年农历十二月，红巾军关先生、破头潘部攻陷上都，焚烧宫殿，七日后撤离，掠走玉玺、仪仗、珠宝等，元上都衰落。1369年8月，明将常遇春、徐达率领的中路大军攻克上都城，元上都逐渐

出土的饮马水槽

废弃。1396年，明朝在上都正式设开平卫指挥司，大力经营，加强屯守，并修缮城垣。明金幼孜在《北征录》中对其现状有过记载：“初二日晚次开平，营于翰耳朵，华言宫殿也。盖元时宫殿，故址犹存，荒台断础，零落于荒烟野草之间，可为一概。”说明经过修筑的开平城，原宫殿区现在已经是一片废墟了。1430年，开平卫移到长城以内的独石口堡（今河北赤城县独石口），改隶万全都指挥使司，开平卫彻底废弃。16世纪初期，蒙古答言罕重新统一蒙古各部，元上都地区属于应绍不万户的封地，为“云需府”管辖。清

大安阁遗址汉白玉龙纹角柱出土情况

大安阁遗址出土的汉白玉龙纹角柱

明德门遗址修缮现场

出土的琉璃筒瓦

初，蒙古右翼诸部在此驻牧，并在元上都遗址上修建了庙宇，故元上都遗址又被称为“兆奈曼苏默”（一百零八庙之意）。

元上都古城遗址是拥抱着人类巨大文明的历史文化遗存，是中国乃至世界珍贵的物质文化遗产，其突出普遍价值鲜明。首先，元上都的建立，标志着中国历史上统一的多民族国家的形成与发展，在中国历史上具有重要的划时代意义。忽必烈以建设元上都为发端，建立

城墙与角楼遗迹

西关市肆遗迹航片

砧子山墓地鸟瞰

元朝，奠定了统一全中国的政治基础，结束了中国历史上长达三百多年来的政治割据局面，中国出现了前所未有的、规模空前的大统一。其次，元上都是蒙古高原游牧民族与中原农业民族进行政治、经济往来的枢纽，也是沟通欧亚大陆的跳板，东西文化交流的纽带与桥梁。以元上都为中心，元朝与中亚、欧洲的频繁往来，带动了欧亚大陆之间的经济联系与文化交流。再次，元上都遗址是蒙古高原南部、中国北方草原地带保存最为完整、规模最大、地下埋藏文物最为丰富的草原都城遗址，具有重要的科学艺术价值。元上都城墙、瓮城、城门及大型建筑基址基本上保存完好，地表清晰可见街道、房址及宫城遗迹。由于它建在地势开阔的金莲川草原之上，高大的城墙，鳞次栉比的宫殿基址，构成了草原地带深邃悠远、规模宏大的文化景观。由于古城地处草原地带，元末废弃之后未经人为大规模扰动，地下文物埋

宫城建筑基址情况

道路一侧排水沟

御天门清理砲石

藏异常丰富。元上都的城市设计理念科学合理，至今都具有较强的借鉴意义。所以，元上都遗址可以说是农耕文明与草原文明的结晶体，是充分展示中华文化精粹的历史文化遗存，是中国乃至世界最为珍贵的历史文化遗产之一。1964年，元上都遗址被列为第一批自治区级重点文物保护单位。1988年，元上都遗址被国务院批准为第三批全国重点文物保护单位。2012年，元上都遗址被联合国教科文组织列入世界文化遗产名录。

参考资料：

本文资料由杨星宇先生提供，并参考陈永志《草原古城元上都》，《内蒙古画报》2011 年 4 期；陈永志《论元上都遗址的突出普遍价值》，《内蒙古日报》2011 年 3 月 11 日。

后　记

内蒙古自治区是我国的文物大省区，有地上、地下不可移动文物遗址点21099处，其独特的地理位置、深厚的文化底蕴、绚丽的古代文明一直是国内外学界关注的焦点之一。1954年以来，经过一代代文物工作者的不懈努力，不但建立了整个内蒙古地区考古学文化的时空框架和发展序列，还涌现了一大批震惊世人的考古大发现，基本涵盖旧石器时代、新石器时代、青铜时代以及春秋战国以后的各个历史时期。为了让世人更多地了解内蒙古地区悠久的历史和灿烂的文化，本书从众多考古大发现中精选出十二处分别作以介绍。这十二处遗存或为二十世纪中国考古重大发现，或为年度全国十大考古新发现，或为中国社会科学院考古研究所年度六大考古发现，或为世界文化遗产，虽不能代表整个内蒙古的文化全貌，但也是内蒙古十分显耀的文化名片之一，以期给读者留下深刻印象，达到窥一斑而知全豹的目的。

本书所述资料均为当时的发掘者和亲历者所提供，其中兴隆洼遗址资料由刘国祥、郭治中先生提供，哈民芒哈聚落遗址、南宝力皋吐聚落遗存资料由吉平先生提供，三座店夏家店下层文化石城址资料由郭治中先生提供，赤峰市二道井子夏家店下层文化聚落遗址资料由曹建恩先生提供，耶律羽之墓资料由盖之庸先生提供，宝山辽代壁画墓资料由齐晓光、梁京明先生提供，吐尔基山辽墓资料由塔拉、张亚强先生提供，陈国公主与驸马合葬墓资料由孙建华先生提供，辽上京遗址资料由董新林先生提供，元上都故城遗址资料由杨星宇先生提供。本书资料皆本自原报告或相关论著，经系统整理归纳编纂成书，不妥之处，敬请斧正。

真诚感谢内蒙古自治区党委宣传部副部长、自治区文化厅党组书记、厅长周纯杰先生拨冗作序，使本书增光添彩。本书的出版承蒙各考古项目负责人提供相应的考古资料，同时得到了内蒙古人民出版社的大力支持和帮助。田建群、刘智聪、咏梅编辑为本书的出版付出了辛勤的劳动，在诸多方面给予具体而周到的帮助，在此一并致谢。

编者

2014年1月9日

丛书后记

《内蒙古旅游文化丛书》是一部专门展现内蒙古独特旅游资源，集趣味性与知识性为一体的大众化旅游读物。

时值该《丛书》出版之际，恰逢内蒙古自治区党委于2013年3月提出“8337”发展思路，要把内蒙古建设成为“体现草原文化、独具北疆特色的旅游观光、休闲度假基地”。为更好地体现这一重要的发展思路，同时满足更多旅游者和广大读者的需要，2013年初，经内蒙古人民出版社提议，决定重新编撰出版《内蒙古旅游文化丛书》，为内蒙古打造“体现草原文化、独具北疆特色的旅游观光、休闲度假基地”尽绵薄之力。

此次出版的《内蒙古旅游文化丛书》由《内蒙古古塔》、《内蒙古古城》、《内蒙古寺庙》、《内蒙古清真寺》、《内蒙古自然奇观》、《蒙古包文化》、《蒙古族服饰》、《蒙古族民俗风情》、《蒙古族饮食文化》、《春天里盛开的映山红——达斡尔族风情》、《天边那绚丽的彩虹——鄂温克族风情》、《高高的兴安岭——鄂伦春族风情》、《内蒙古考古大发现》组成。此次出版，对2003年9月出版的《内蒙古旅游文化丛书》进行了调整，将原《来自森林草原的人们——达斡尔、鄂温克、鄂伦春族风情》，一分为三：《达斡尔族风情》、《鄂温克族风情》、《鄂伦春族风情》，同时，除整合《丛书》初版时的个别分册之外，还增加了《内蒙古考古大发现》一册作为《丛书》之一种。同时，每种图书，增加了大量的彩色照片。即将出版的《内蒙古旅游文化丛书》共计13册，170余万字。

经过《丛书》全体新老作者近一年的不懈努力，《内蒙古旅游文化丛书》的编撰工作已圆满完成，并再次得到内蒙古自治区宗教局等有关部门、单位的大力支持。在《丛书》付梓之际，我谨对付出辛劳的各位作者表示衷心的感谢！《丛书》的出版，得到内蒙古人民出版社领导、各汉文编辑部的大力支持，特别是武连生副总编在《丛书》的总体策划方面提出了很好的意见，付出了艰辛的劳动，在此一并表示衷心的感谢！

马永真

2013年11月

于内蒙古社会科学院